¿Qué podemos hacer para evitar
el suicidio?

Luz de Lourdes Eguiluz

EDITORIAL PAX MÉXICO

DIRECTOR EDITORIAL: Miguel Escorza
COORDINACIÓN EDITORIAL: Matilde Schoenfeld
PORTADA: arte2 (www.arte2.com.mx)

© 2010 Editorial Pax México, Librería Carlos Césarman, S.A.
    Av. Cuauhtémoc 1430, Col. Santa Cruz Atoyac
    México DF 03310
    Tel. (5255) 5605 7677
    Fax (5255) 5605 7600
    www.editorialpax.com

Primera edición
ISBN: 978-607-7723-36-3
Reservados todos los derechos
Impreso en México / *Printed in Mexico*

Índice

A pesar de que el comportamiento suicida ha estado siempre presente, es hasta hace poco que empezó a ser objeto de interés de investigadores pertenecientes a distintos campos del saber. Uno de los primeros en poner ante los ojos del mundo el tema del suicidio como una conducta que involucra a todos los seres humanos fue Émile Durkheim,[1] filósofo francés del siglo XIX, quien escribió un libro titulado *El suicidio*. En esa obra, Durkheim aportó una de las primeras definiciones sobre el tema: "…el suicidio es todo caso de muerte que resulte directa o indirectamente, de un acto positivo o negativo, realizado por la víctima misma, sabiendo ella que debía producir este resultado" (p. 60).

Actualmente, gracias a las investigaciones realizadas, se entiende el suicidio no sólo como una acción simple, sino como una secuencia de comportamientos no necesariamente secuenciales o indispensables, los cuales incluyen: ideación suicida pasiva, contemplación activa del propio suicidio, planeación y preparación del suicidio, ejecución del intento suicida sin que se llegue a la muerte y suicidio consumado.[2] También se sabe que el comportamiento suicida es multifactorial, es decir que en él pueden intervenir factores de tipo biológico, social, cultural, económico, político, psiquiátrico, psicológico y genético, así como factores familiares, motivo por el cual la aproximación para el estudio del fenómeno requiere que sea desde la multi o interdisciplina. Debe tenerse en cuenta también que la interacción de dos o más factores incrementa el riesgo suicida.

El comportamiento suicida se ha incrementado en todo el mundo en los últimos años, por lo que a partir de 2001 la Organización Mundial de la Salud (OMS) consideró el suicidio como un problema de salud pública, tomando en cuenta tres elementos:

1. Es una de las principales causas de muerte entre la población joven, específicamente entre los varones. Por cada adolescente suicida hay aproximadamente 400 a 500 reportes de jóvenes que

---

[1] E. Durkheim, (1897). *El suicidio*. Madrid: Akal.

[2] C. González-Forteza *et al.* (2002). Prevalencia del intento suicida en estudiantes adolescentes de la ciudad de México: 1997-2000. *Salud Mental*, (25) 5, 1-12.

intentaron suicidio, mayoritariamente mujeres (Cutler *et al.*, 2001).[3]

2. Existen grandes variaciones en la tasa de suicidio en el mundo, lo que señala una compleja interacción de múltiples factores biológicos, psicológicos y socioculturales.

3. Año con año aumentan los suicidios de personas cada vez más jóvenes así como los de mujeres, hechos que se han convertido en un problema social en todo el mundo. Según la Organización Panamericana de la Salud (OPS), el suicidio se encuentra entre las tres primeras causas de muerte en los jóvenes de entre 12 y 24 años.[4]

Por la importancia que reviste el suicidio en la sociedad contemporánea, este libro se plantea como un espacio de reflexión que permita elevar el conocimiento científico sobre el tema así como la producción de alternativas orientadas hacia la prevención y el tratamiento de las personas que viven con esta problemática. Otro punto importante es desconstruir los mitos y tabúes que se han formado a través de la historia sobre el comportamiento suicida, tomando en cuenta que en algunas épocas no fue estigmatizado e incluso fue interpretado como un acto heroico (por ejemplo, entre los japoneses se utilizaba para limpiar el honor de una persona, mientras que en India, hasta hace poco tiempo, las viudas de escasos recursos eran obligadas a inmolarse en la pira funeraria de su difunto esposo como muestra de fidelidad y amor). Diana Cohen,[5] filósofa argentina, señala en su libro *Por mano propia* que fue la Iglesia católica la que en el año 450 condenó el comportamiento suicida, cuando los visigodos invadieron Roma y muchas mujeres optaron por el suicidio para evitar ser violadas. Para frenar la enorme cantidad de muertes de mujeres vírgenes, san Agustín aseguró que sólo el cuerpo podía ser mancillado pero no el alma, censurando de este modo el suicidio y declarándolo pecado mortal, a pesar de que en esa época había muchos mártires cristianos que se suicidaban, inspirados por el sufrimiento de Cristo.

Hoy conocemos el estigma social que rodea a la persona suicida y no sólo a ella sino a su familia, razón por la cual muchos de los suicidios

---

[3] D. Cutler, E. Glaeser y K. Norberg, (2001). Explaining the rise in youth suicide. En J. Gruber (2001). *Risk behavior among youths: An economic analysis,* p. 219-269, The University of Chicago Press, Estados Unidos.

[4] A. Chávez, R. Pérez, L. Macías y D. Páramo (2004). Ideación suicida en estudiantes de nivel medio superior de la Universidad de Guanajuato. *Acta Universitaria, septiembre-diciembre, 14* (3) pp. 12-20.

[5] D. Cohen (2007). *Por mano propia: Estudio sobre las prácticas suicidas.* Argentina: FCE.

son ocultados por el grupo social y se registran como un mero accidente. Motivo por el cual la investigación sobre los casos de suicidio guarda muchas dificultades y en ocasiones suele ser poco confiable.

Este libro nos ofrece la oportunidad de conocer los trabajos de varios investigadores y terapeutas que en sus distintas localidades están trabajando desde hace algún tiempo sobre el tema del suicidio, empezando por Carlos Martínez, quien desde la ciudad de Buenos Aires, Argentina, nos ofrece una visión clara y profunda de lo que se está haciendo en su país, y también nos habla de los investigadores que han hecho posible la creación de un espacio de comprensión para una conducta tan controvertida como lo es el suicidio. El autor nos da a conocer cómo en Estados Unidos en la década de los setenta se crea una nueva disciplina bajo el nombre de suicidología, de la que Shneidman es fundador. Esta nueva ciencia trata sobre los pensamientos, sentimientos y acciones destructivas realizadas por una persona con el fin de causarse la muerte. A pesar de tener casi cuarenta años de existir como ciencia, es relativamente reciente el estudio del suicidio en Latinoamérica, y más reciente aún la investigación que ha permitido construir formas de evaluar las ideas o pensamientos suicidas, los sentimientos como la depresión y la desesperanza que conducen hacia la muerte, o los comportamientos que nos hablan de la planeación de la acción suicida.

En el segundo capítulo, Gaspar Baquedano, médico e investigador de la Universidad Autónoma de Yucatán, desde una aproximación psicoantropológica se refiere al suicidio como una tradición dentro de la cultura maya; hace una investigación histórica de los significados que ha tenido el suicidio en esta cultura, mostrando cómo lo que en una época pudo verse como una acción positiva que permitía acercarse a los dioses, en otro momento, y ya bajo la influencia de la religión judeocristiana, se convierte en una acción terrible que lleva el alma del suicida directamente a los infiernos: al cadáver se le impone el castigo de no permitirle ser enterrado en el "campo santo" como cualquier otro difunto.

Con una perspectiva enfocada a la prevención y evaluación se presenta en el capítulo tres el trabajo de Roque Quintanilla, quien desde la Universidad de Guadalajara, Jalisco, nos habla de la prevención y el tratamiento del suicidio; hace una interpretación explicativa de los elementos que interactúan en los procesos de conciencia para tomar la decisión de suicidarse. Es interesante cómo Quintanilla nos conduce a comprender un proceso tan complejo respecto de cómo los seres humanos construyen realidades mediante procesos fisiológicos, afectivos, cognitivos, que llevan a realizar una serie de comportamientos dirigidos hacia acciones altruistas, amorosas, creativas, artísticas, pero también pueden conducirnos hacia la pena, la tristeza profunda, la desesperanza y el suicidio.

En el capítulo cuatro y desde el campo de la intervención, Isabel Stange, investigadora de la Benemérita Universidad Autónoma de Puebla, reflexiona acerca del acto suicida mediante el trabajo directo con jóvenes que han realizado un intento o que están pensando en el suicidio como una opción. Señala que se puede emplear cualquier enfoque terapéutico para ayudar a una persona que sufre intensamente, como lo es quien vive un proceso suicida. Pero resalta el valor de una observación clínica realizada por una persona con experiencia para trabajar con este tipo de casos, así como la habilidad para escuchar atentamente a la persona que acude a consulta. La autora propone la teoría de las crisis para el trabajo clínico con jóvenes que padecen esta problemática.

Por su parte, Luz de Lourdes Eguiluz, profesora e investigadora de la Facultad de Estudios Profesionales Iztacala, de la UNAM, en el capítulo cinco plantea la terapia sistémica como un modelo teórico de gran utilidad para tratar los problemas relacionados con el suicidio o el intento suicida en la familia. La investigadora y terapeuta familiar señala que el suicidio, a pesar de que en apariencia es una decisión personal y totalmente individual, afecta a todo el grupo familiar, y propone que tanto para trabajar con personas con ideación suicida como para casos en que el suicidio ya ha ocurrido, es necesario el uso de un modelo holístico que incluya a la familia y al grupo social de pertenencia, como pueden ser los amigos, novio(a), maestros, compañeros, que forman parte del círculo afectivo de la persona con ideación suicida, del joven que haya intentado o cometido un suicidio. A partir de un marco sistémico, la autora ofrece una serie de estrategias que en su práctica profesional han resultado útiles para trabajar con personas que lo están pensando, que ya intentaron o incluso con la familia de un suicida. Entre las tareas que propone se encuentra escribir por espacio de cinco o diez minutos diarios, pueden ser cartas a otros o a uno mismo, hacer ejercicios de imaginar un futuro distinto, buscar estrategias de resolución de problemas, realizar algunos rituales, etcétera. Todo esto con la intención de desconstruir el proceso suicida y co-construir con el paciente una realidad que le permita vivir de una mejor manera.

Patricia Martínez y Alfonso Arellano, investigadores del Centro Michoacano de Salud Mental, en la ciudad de Morelia, analizan en el capítulo seis la atención médico-psiquiátrica de la persona con comportamiento suicida. Este capítulo no podía faltar porque nos acerca a la parte biológica del individuo. Como se señaló en otros capítulos, los autores coinciden en que el suicidio es un comportamiento muy complejo, en el cual incide una serie de factores de riesgo. Buena parte de los casos de suicidio están relacionados con trastornos psiquiátricos: afectivos, de ansiedad, depresión, consumo de alcohol o abuso de sustancias, así como trastornos psicóticos; por ejemplo, la esquizofrenia y el trastorno maniaco-depresivo (bipolar). Los autores señalan la importancia de un buen diagnóstico, dado que en muchos casos la depresión, por ejemplo, puede estar encubierta por conductas agresivas, trastornos de atención con hiperactividad o simplemente manifestarse como flojera o desgano, y así el paciente puede vivir muchos años o también, en el peor de los casos, la persona puede suicidarse. Señalan, además, los avances de la investigación psicofarmacológica con medicamentos eficaces para controlar algunos trastornos psiquiátricos.

El último capítulo está a cargo del investigador Sergio Pérez Barrero, médico psiquiatra y profesor de la Universidad de Granma en La Habana, Cuba, quien trata el tema de los sobrevivientes, refiriéndose a aquellas personas que tienen un vínculo afectivo con el suicida y lo sobreviven después de su muerte. Se refiere en específico al proceso de duelo que implica una serie de reacciones que se presentan en algunos de los deudos como etapas: negación, rabia, regateo, depresión y aceptación. El autor nos habla también de la manera como se puede complicar el duelo cuando se trata de un suicidio y de cómo el proceso puede quedar "atorado" o "congelado", de manera que en lugar de durar lo que toma un duelo normal por la muerte de un padre anciano, por ejemplo, los familiares del suicida pueden tardar muchos años e incluso algunas generaciones en vivir ese duelo.

Considero que los siete capítulos que forman esta obra permitirán al lector tener ideas más claras respecto de la forma de comprender el suicidio y la importancia que tiene no sólo ayudar a la persona que se encuentra en un proceso suicida, sino también en la manera de ayudar a la familia o a los sobrevivientes del proceso, como diría Pérez Barreto.

Por último, es importante destacar que a partir de la reunión de estos investigadores y de algunos otros que aparecen como autores del libro titulado *Ante el suicidio,* se ha creado la Asociación Mexicana de Suicidología, de la cual uno de los objetivos prioritarios es el intercambio de información obtenida en los diversos campos de trabajo, con la idea de consolidar una red de investigadores; además de desarrollar escalas, cuestionarios y una serie de instrumentos de investigación creados en México y por mexicanos, tomando en cuenta el tipo de población y la cultura de nuestros compatriotas, cuya validez y confiabilidad permitan medir el comportamiento suicida. Es también tarea de este grupo formar investigadores y terapeutas, así como proporcionar información relevante para que tanto padres de familia como familiares, amigos y profesores puedan actuar en casos de emergencia, saber cómo hacerlo y a quién canalizar en casos de requerir tratamiento.

La compiladora

CAPÍTULO 1

Aportes para la construcción del espacio suicidológico en Argentina

Carlos Martínez [*]

A manera de una intervención suicidológica, los ejes de este capítulo se centrarán en lo por-venir y a partir de la historia vivida. Después del multitudinario III Congreso Nacional sobre Suicidios y Problemáticas Asociadas y el II Congreso Internacional de Suicidología, 2007 se proyecta enmarcado en tres acontecimientos enunciadores del desarrollo incipiente de la suicidología en Argentina.

La conmemoración de los cuarenta años del Centro de Asistencia al Suicida de Buenos Aires, primera línea telefónica dedicada al tema en el país, la creación del capítulo de suicidología en la Asociación de Psiquiatras Argentinos y el inicio del dictado de la materia optativa de grado "Suicidología" en la carrera de psicología de la Universidad de Palermo, dan cuenta de una producción y preocupación profesional creciente que avanza junto con la toma de conciencia de la problemática y sus implicaciones.

Este momento, precedido por las ocho jornadas anuales consecutivas de Prevención del Suicidio, organizadas por la Asociación Argentina de Prevención del Suicidio desde 1997, marcan la construcción de este espacio durante la última década, que cada vez incluye más protagonistas en forma reticular: voluntarios, terapeutas, docentes, estudiantes, funcionarios, periodistas, trabajadores sociales, profesionales del derecho, investigadores, sobrevivientes e interesados ocasionales.

Ante esta diversidad se hacen necesarios acuerdos básicos, uno de los primeros, metodológicamente inevitable, es la definición e incumbencia de la tarea.

---

[*] Licenciado en Psicología, docente de la Facultad de Psicología de la Universidad de Buenos Aires y de la Facultad de Humanidades y Ciencias Sociales de la Universidad de Palermo; fundador y presidente de la Asociación Argentina de Prevención del Suicidio; asesor de la Asociación Internacional Teléfono de la Esperanza (delegación Argentina); integrante de la mesa asesora del Programa Nacional de Prevención del Suicidio de la Unidad Coordinadora Ejecutora de Salud Mental y Comportamiento Saludable del Ministerio de Salud argentino.

La suicidología: una psicología que investiga en lo paradojal de la vida

El contexto disciplinario

La suicidología es una disciplina que tiene entre sus principales sistematizadores, en la década de los setenta, a Shneidman y Farberow. Actualmente hay trabajos de investigación conocidos sobre distintos aspectos de la problemática en casi todo el mundo occidental.

El padre de la disciplina, Edwin Shneidman (1985), sostiene que la suicidología pertenece a la psicología. Es la ciencia de comportamientos, pensamientos y sentimientos autodestructivos, así como la psicología es la ciencia referida a la mente y sus procesos, sentimientos, deseos. Sin lugar a dudas, suicidología suena extraño para muchos, pero así sucedió también con la psicología y la psiquiatría en un principio, afirma Maris (2000).

Si bien no se puede hablar formalmente de escuelas, los estudios provenientes de Estados Unidos plantean una suicidología que incluye no sólo suicidios consumados e intentos suicidas, sino también comportamientos autodestructivos, gestos e ideación suicida y parasuicidios (Kreitman, 1977), y su énfasis predictivo se constituye alrededor del abuso de sustancias (Maris, Berman y Silverman, 2000).

En cambio, para el Centro de Investigaciones del Suicidio de la Universidad de Oxford la atención se centra en autolesiones deliberadas, automutilaciones y un conjunto de comportamientos y actitudes autodestructivas relacionadas (Maris, 1992).

Desde otra mirada, que podría constituir la impronta de la suicidología latinoamericana, se propone que está tan intrínsecamente influida por los factores socioculturales, que cada lugar debe desarrollar políticas y programas de prevención del suicidio de acuerdo con el momento y las pautas culturales involucradas si no se quiere arriesgar a una segura frustración (Bertolote, 2004).

Por ahora se puede sintetizar que la suicidología es la psicología de los procesos autodestructivos cuyo icono más representativo y terminal es el suicidio.

En la Asociación Argentina de Prevención del Suicidio la suicidología queda definida como la articulación interdisciplinaria, cuyo objetivo es dar cuenta de los factores biológicos, psicológicos, éticos, sociales y culturales que construyen la disposición suicida en sus diferentes estados. Sus acciones están orientadas a la creación y sostenimiento de las condiciones de vida dignas de un sujeto y su entorno significativo.

Dentro de la psicología múltiples escuelas se han ocupado del tema, como por ejemplo el psicoanálisis, el cognitivismo, el conductismo, el humanismo existencial, las terapias centradas en la solución y la escuela sistémica.

En Argentina las dos colegas que más han trabajado sistemáticamente sobre el tema son Casullo (1997, 1998, 2000, 2002, 2005 y 2006) y Passalacqua (1996, 1997, 1998, 1999 y 2001), quienes han desarrollado y adaptado instrumentos de investigación como la ISO30 y la Escala ESPA del Rorschach, que permiten identificar población en riesgo, adolescente y adulta, respectivamente.

Las intervenciones

Las intervenciones poblacionales –con alcances municipales o provinciales– destinadas a la evaluación epidemiológica se encuentran en proceso de experimentación y con gran dispersión en cuanto a las metodologías utilizadas. Una de las explicaciones posibles se apoya en la cantidad de años en que ante una epidemia de suicidios se respondía con la capacitación de un grupo de voluntarios para el armado de una línea telefónica de ayuda, donde la participación estatal consistía, en el mejor de los casos, en una contribución filantrópica para que los capacitadores pudieran desplazarse desde la capital a la ciudad que demandaba la intervención. Paulatinamente, las redes que surgen en auxilio de las crisis poblacionales en este tema van obteniendo un compromiso mayor de los distintos estados tanto municipales, provinciales o nacional.

La Asociación Argentina de Prevención del Suicidio define la intervención suicidológica como aquella acción o grupo de acciones evaluativas, preventivas, posventivas o asistenciales, diseñadas y ejecutadas por un profesional o equipo especializado que, basado en los conceptos suicidológicos, obtiene un cambio subjetivo en el o los sujetos de una red de pertenencia, cuando se ha puesto en marcha el proceso suicida.

El diseño de dispositivos de intervención implica, junto con un desafío eminentemente creativo, la integración de las disciplinas que intervienen, como así también la relación entre distintos niveles de atención.

Los escenarios de intervención son múltiples: consultorio, grupo áulico, comunidad educativa (directivos, docentes, padres y alumnos), distrito escolar, ONG's, otras organizaciones, instituciones, grupos sociales, barrio, municipio, provincia y el Programa Nacional de Prevención del Suicidio, en cuya elaboración se trabaja multisectorialmente.

La ética de la intervención es la misma que la de cualquier intervención en salud mental, con la salvedad de que en este tipo de casos el profesional está obligado jurídicamente a resguardar la vida de quien le consulta. Esto no garantiza torcer la voluntad de quien decidió dar fin a su vida, pero sí responsabiliza en el conocimiento e instrumentación de todos aquellos recursos científicos disponibles al servicio de la construcción del bienestar de quien consulta.

El trabajo consiste en transformar el estrechamiento simbólico, producto del deterioro afectivo y la rigidez cognitiva, factores asociados al *continuum* autodestructivo (Adam, 1985), en la posibilidad de expresión de las fortalezas dormidas, postergadas o inhibidas que hasta ese momento hicieron que esa vida, vivida de esa manera, careciera de valor.

Respecto a la mirada desde la psicopatología, se puede hablar de una, muchas o ninguna estructura psicopatológica asociada con el evento suicida. El suicidio no es una entidad psicopatológica.

La mirada del observador puede asociar este evento de la vida a aspectos fragmentarios de aquellas condiciones que lo generan. Así, por ejemplo, existen múltiples estudios, sobre todo de origen psiquiátrico, ratificando la relación depresión-suicidio; pero también se debe considerar que en el mismo contexto pueden intervenir otros factores psicopatológicos, además de condiciones contextuales de convivencia intolerables para la dignidad de esa persona.

En esta misma línea, es pertinente la pregunta si los considerados suicidios éticos están vinculados a una patología.

Ampliando la mirada, se puede preguntar si al término psicopatología se le va adjudicar solamente el alcance biológico o psicológico. Los diseños de intervención descritos más adelante hacen eje en la premisa conceptual de este fenómeno humano como determinado bio-psico-socio-culturalmente.

El evento suicida y su construcción paradojal: la posvención

Por lo general, el suicidio no es producto de una decisión espontánea; el *continuum* autodestructivo se origina en la intimidad del sufrimiento de una persona y se manifiesta a través de indicadores, los cuales, junto con los factores de riesgo y las condiciones del potencial suicida, permiten predecir, prever y prevenir tanto los eventos en curso como nuevos acontecimientos autolesivos una vez ocurrido el primer intento.

También cabe afirmar que una intervención no asegura en sí misma la interrupción inmediata de tal producción destructiva y que las primeras construcciones de la intervención en crisis convivirán paradójicamente con las manifestaciones de dicha producción.

Posvención es un concepto de la suicidología que se usa para enmarcar las intervenciones posteriores a un evento autodestructivo, también llamadas post-intervenciones (Moron, 1992).

Lo más cercano a este concepto en la teoría tradicional de la prevención es lo que Caplan (1966) llama prevención terciaria o rehabilitación, que no puede llamarse, en sentido estricto, prevención, ya que en todo caso se trata del acontecimiento de un evento que no se pudo prevenir.

Moron intenta salvar esta cuestión paradojal definiendo la posvención como la prevención de la reincidencia. Ambos autores en su lógica hacen valer su posicionamiento ideológico, en tanto la enfermedad o el evento destructivo son prevenibles o "posvenibles" en la medida que haya alguien poseedor de un saber legitimado, capaz de llamar y dar a conocer su intervención como prevención o posvención. Es decir, la lógica es la de la asistencia y la ideología, y se muestra en una centralidad del protagonismo de las intervenciones profesionales.

Lo cierto es que existen por doquier distintos tipos de intervenciones efectivas, algunas más o menos eficaces, que no están validadas en el saber profesional académico; más aún si tenemos en cuenta que no es ésta una disciplina abordada y estudiada en los contextos universitarios argentinos, en particular, y latinoamericanos en general, a pesar de que se tiene una previsión de un millón y medio de suicidios anuales en el mundo para 2020 (OMS, 2003).

Quizá un aspecto importante de la prevención pase primero por definir epidemiológicamente el riesgo, es decir, conocer el problema en su magnitud, composición y configuración; luego por recolectar esos saberes dispersos en la comunidad, procesarlos, sistematizarlos y volverlos a su fuente como saber de la comunidad válido para intervenciones a nivel local.

Hasta aquí tenemos una contextuación interdependiente que muestra la ecología de un intercambio de conocimientos que llegan tarde, teniendo en cuenta la cantidad de años potenciales de vida perdidos, con su consecuente costo económico y en capital humano, sobre todo si se tiene en cuenta que las tasas más altas de riesgo y de suicidios consumados se dan entre adolescentes y jóvenes de 15 a 24 años (Casullo *et al.*, 2006; Villardón Gallego, 1993).

Una vez producido el evento autodestructivo se puede pensar la posvención como la intervención orientada a brindar insumos para afrontar una pérdida afectiva inesperada, al tomar conciencia de la crisis, al lograr un mejor reconocimiento de los sentimientos de pesar y tristeza, luego de identificar a los sujetos en riesgo para estructurar un cuadro psicopatológico, a fin de reducir los sentimientos de confusión y ansiedad (Casullo, 2000).

La antinomia construcción/destrucción

Es habitual pensar la construcción como el proceso opuesto a la destrucción y quizá semánticamente sea así; pero es cierto que también hay algunas relaciones por descubrir e instrumentar en el eje de esta antinomia a favor de un esquema de conocimiento más amplio, que posibilite intervenciones más flexibles y oportunas.

Al aplicar la categoría destrucción a la realidad intrapsíquica, se la puede vincular al constructo agresión como referencia estructural, ya que el término violencia en la literatura científica permanece circunscrito a las conductas inadaptadas o delictivas (Folino y Escobar Córdoba, 2004).

El biologista Hacker (1973) define la agresión como la disposición y energía inmanentes al hombre que se expresan en formas individuales y colectivas de autoafirmación, aprendidas y transmitidas socialmente, que pueden incluso llegar a la crueldad.

Si la destrucción es un proceso, como la construcción, si ese proceso, transmisión o reincidencia se puede interrumpir en un momento determinado, eso quiere decir que hay matices, intensidades y alcances del despliegue de esa inmanencia.

Entonces se puede hablar de la construcción del proceso destructivo como la serie de crisis o tránsitos progresivos que van señalando un territorio que se torna vulnerable hasta su inconsistencia, cuya cartografía muestra el avance del riesgo y permite intervenciones calculadas que capitalicen aquellos enclaves aún no tomados a fin de utilizarse en un nuevo proceso que se llamará desconstrucción.

En este sentido, la posvención como desconstrucción del proceso destructivo consiste en la desarticulación y el resguardo de las instancias más enérgicas de esa disposición en conflicto con otras instancias del contexto tanto interno como externo, para luego rearticularse en un nuevo proceso constructivo con otra dirección y otro sentido.

Si esta dinámica se produce en un contexto clínico, tanto individual como institucional y social, los primeros enclaves a calcular son aquellos que se manifiestan en el sistema de creencias y en la economía distributiva de roles, verdades y ocultamientos.

Por eso la tarea posventiva se lleva a cabo una vez desplegado el conflicto y consiste en incluir creativamente en la tarea de su resolución los articuladores necesarios para evitar que el mismo se reproduzca en idénticos términos.

La posvención estaría asegurada cuando la evaluación del desarrollo de los indicadores anuncie que un nuevo conflicto tendrá mayor complejidad y mejores vías de resolución.

De esta manera quedan de lado conceptos como la rehabilitación en tanto recuperación de recursos residuales y la práctica profesional centrada en cierta moralidad cercana al dogmatismo, dando lugar a una previsibilidad calculable en el marco de una lógica que, para desplegar toda su potencialidad, requiere de parámetros éticos claros y rigurosos.

Desde esta mirada la intervención deja de estar del lado de los efectos de una muerte para ubicarse en una modalidad particular de abordar los conflictos humanos, antes de que éstos pasen a ser insoportables y su solución, única y final.

Desde la salud pública, además de la reducción de gastos, se habilita a profesionales en su puesto de trabajo habitual para un determinado tipo de intervención, en lugar de requerir la presencia del especialista.

En la relación ciencia-sociedad se genera un lenguaje diferente de habilitación para la transformación de una realidad, que por creciente no deja de ser resoluble, por lo tanto más humana, más comprometida, más vital y epistemológicamente social, no sólo para la psicología, sino para todo el conjunto disciplinario destinado a ocuparse de que la muerte deje de ser una solución para muchos seres humanos y más bien sea un evento que marca la contingencia de nuestra naturaleza.

Dispositivos de intervención suicidológica

El Grupo Sostén

A partir de la premisa "el suicidio es previsible y prevenible", funcionan en la ciudad de Buenos Aires, desde 1994, los grupos sostén, destinados a adolescentes y adultos con ideas, fantasías o tentativas de suicidio. También consultan a familiares y amigos de personas que se han suicidado y organizaciones preocupadas por esta problemática.

Los objetivos de estos grupos son:

- Evaluar el riesgo y la potencialidad suicida.
- Determinar la fortaleza de los factores vitales del consultante y su entorno.
- Asistir a la población en riesgo de intento o de consumar un suicidio.
- Generar una red de sostén y prevención para el implicado y su familia.
- Orientar a los actores sociales que tratan con población de riesgo.

Estos grupos están coordinados por profesionales –universitarios y no universitarios– especialmente formados en esta tarea. En un primer encuentro se evalúa la pertinencia de este tipo de ayuda para el consultante, se realiza un trabajo de orientación para él y su familia y se le asesora sobre otras alternativas para abordar el conflicto.

Si se evalúa que el consultante puede realizar el trabajo de sostén en los grupos, pasa por una etapa intermedia donde, con uno de los coordinadores, realiza una primera aproximación de esclarecimiento, para continuar con la tarea semanal con el grupo y sus coordinadores. Este trabajo se lleva a cabo en ámbitos comunitarios.

El Grupo Sostén opera como un laboratorio de convivencia tendente a la reconstrucción del lazo, enfocando su escenario imaginario hacia el sesgo social de las relaciones que se despliegan en el espacio grupal.

Una experiencia piloto: análisis discursivo del Grupo Sostén

Con el objetivo de identificar contenidos, recurrencias e interrelaciones, se procesaron las actas de las reuniones coordinadas entre noviembre de 1999 y enero de 2002, utilizando técnicas informáticas para procesar el lenguaje natural (Martínez y Pomares, 2006).

Se obtuvo una muestra compuesta por un *corpus* de 19 532 palabras, en la cual el *software* de búsqueda, indexación y análisis de contenido *Zoom Tropes* reconoció un estilo argumentativo con una puesta en escena anclada en lo real e identificó 154 frases relevantes en 23 episodios discursivos.

De dicho análisis se desprende, por ejemplo, el uso discursivo particular de los pronombres y de los modalizadores:

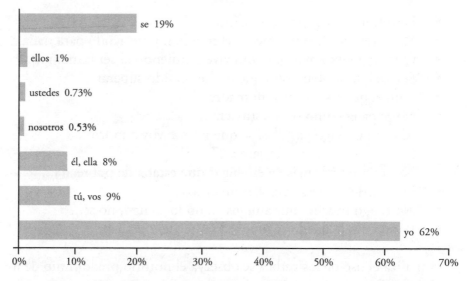

Figura 1. Uso de los pronombres en el discurso del Grupo Sostén

Las modalizaciones (adverbios o locuciones adverbiales) le permiten al locutor implicarse en lo que dice o situar lo que dice en el tiempo y en el espacio, mediante nociones de: tiempo, lugar, modo, afirmación, duda, negación o intensidad.

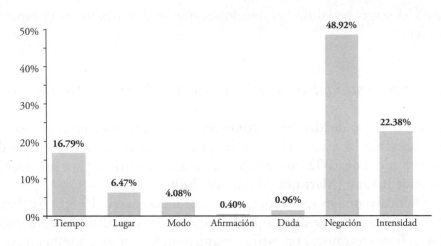

Figura 2. Frecuencia de los modalizadores en el discurso

En este caso, cuando se menciona la negación, se hace referencia a la negatividad y no al mecanismo de defensa intrapsíquico:

- "Pero nunca es tarde para disfrutar..."
- "Yo he tenido siempre miedo, el miedo no me ayudó para nada..."
- "Que no puedo manejar, uno vive perdiendo al ser humano..."
- "Sensación de abandono que no he podido superar..."
- "Nunca quise ser como mi madre..."
- "Mi papá es como si no estuviera..."
- "Ahora no tengo pastillas, sé que no me voy a morir..."
- "Nunca me quise matar, jamás..."
- "No quiero estar más en ese lugar que estaba de pobrecita..."
- "No puedo expresar mis sentimientos..."
- "No tengo mucho, mis amigos ya no los tengo, no sé..."
- "Porque no le puedo perdonar lo que ella me hizo..."

Si se analiza el uso de los verbos se observa el notorio predominio de los de tipo factivo, que expresan acciones, y estativo, que expresan estados o nociones de posesión:

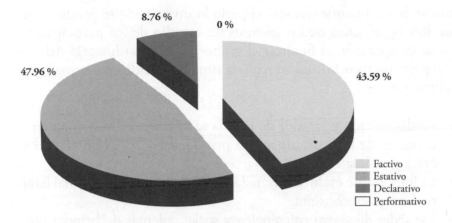

Figura 3. Predominio de verbos factivos y estativos

Ante la recurrencia del miedo a la locura, en un periodo del grupo se midió la proximidad semántica de estos vocablos:

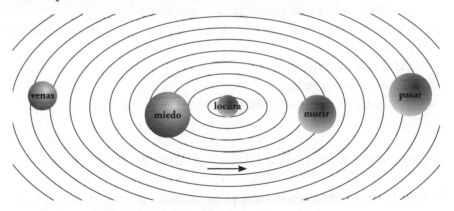

Figura 4. Referencias discursivas a la locura

Nota: El tamaño de la esfera es un indicador de la frecuencia de aparición, la distancia entre ellas indica la intensidad de la relación.

- Tengo miedo que algo me pase, de *locura*, de muerte, de algo malo.
- Tengo miedo de volverme *loca* o morirme.
- En este grupo hay miedo a la *locura*.
- Cuando le avisaron que se cortó las venas, está *loca*.
- Cuando el marido se enteró dijo esta chica está *loca*.
- *Locuras* que me pasaban por la cabeza.

Al tomar en cuenta que durante el periodo investigado se produjo una reducción significativa de los intentos de suicidio de los participantes, hasta su desaparición al finalizar el grupo y que en la historia del dispositivo de intervención no se registra ningún suicidio consumado, se concluye que:

- La disposición y el valor de la vida se aprenden y sostienen en el contexto de las redes de apoyo psicológico y social en el cual se crece y se desarrolla.
- Es importante evaluar adecuadamente el contexto relacional habitual de quien consulta.
- Las redes de apoyo psicológico y social, además de brindar contención, constituyen un espacio adecuado de reentrenamiento y rehabilitación de las lesiones vinculares provocadas por el desarrollo del proceso suicida.
- El discurso suicida es enunciativo cuando se crean las condiciones de enunciación y se estimula la implicación.
- Opera como resguardo del desarrollo de comportamientos impulsivos.
- Evita nuevos intentos.
- Genera nuevas redes.
- Modifica las manifestaciones depresivas.

Programa Multisectorial de Variado Alcance (PMVA)

Cuando la demanda a nivel local por epidemia de suicidios implica un tratamiento poblacional y comunitario, resulta sumamente importante la progresividad y gradualidad en la dosificación de la intervención por parte de quien la conduce, sobre todo al tomar en cuenta que los escenarios más frecuentes para este tipo de intervención lo constituyen provincias o municipios.

Esto dio lugar al diseño de un programa modulado por sectores interactuantes, para el cual se utilizó como técnica de evaluación e identificación el Inventario de Orientaciones Suicidas –ISO 30– (Casullo, 2000), que al tratarse de un cuestionario autoadministrable posibilita una administración masiva en muy corto tiempo. Descripción de tareas:

Nivel I. Profesionales de la salud mental: están a cargo de la asistencia psicoterapéutica de los pacientes con eventos suicidas.

- Reciben a los pacientes con intentos suicidas en las guardias hospitalarias, se cubre la urgencia.
- Conducen los tratamientos psicoterapéuticos individuales o familiares de los pacientes por consultorios externos.
- Coordinan grupos sostén de pacientes con fantasías, ideas y tentativas de suicidio.
- Evalúan riesgo suicida por iso 30.
- Coordinan grupos de familiares afectados por un suicidio.
- Intervienen en acciones de posvención en contextos comunitarios donde se ha producido un suicidio, se trabaja en la prevención de la reincidencia.

Nivel II. Profesionales de la educación: principales detectores de las situaciones de riesgo en el establecimiento educativo, operan como favorecedores y sostenedores de las acciones de prevención y posvención en ese contexto.

- Informan sobre los factores de riesgo.
- Detectan alumnos y familias en riesgo, orientan sobre la mejor manera de abordar la situación de crisis y realizan la derivación adecuada.
- Evalúan riesgo suicida por iso 30.
- Trabajan con el grupo áulico y con la comunidad educativa, mediante acciones posventivas, en caso que se haya producido un suicidio.
- Preparan e incentivan a sus alumnos para las técnicas de evaluación de riesgo. Informan a las familias sobre las características de estos talleres.
- Contienen posibles situaciones de desbordes.

Nivel III. Agentes sanitarios: estarán a cargo de la prevención primaria y de algunos aspectos de la secundaria. Si estos agentes están en las diferentes zonas sanitarias de la provincia se ocupan de:

- Informar a la población en general sobre los factores de riesgo.

- Diseñar junto con profesionales y organizaciones intermedias locales, campañas de atención primaria para escuelas, programas familiares y prensa.
- Orientar adecuadamente en la derivación de la población de riesgo.
- Disponer la posibilidad de instrumentación de campañas de con-
cientización y psicoeducación para los destinatarios del programa.

Nivel IV. Operadores telefónicos: se encargan de cumplir con los turnos
de guardia de la Línea de Atención al Suicida.

- Atienden el llamado del consultante en riesgo.
- Evalúan el potencial suicida del consultante.
- Resuelven, en aquellos casos en que es posible, la crisis por teléfono.
- Derivan a las guardias hospitalarias respectivas los casos que no se
puedan resolver por vía telefónica.
- Confeccionan la ficha de llamado que permite mantener actuali-
zada la estadística, a partir de la cual se establecen los nuevos crite-
rios de acción a medida que avanza el seguimiento del programa.

Monitoreo, seguimiento del programa y diseño de campañas masivas de prevención

Es atendido por profesionales de diferentes disciplinas capacitados en
la problemática del suicidio, quienes se constituyen en un grupo que
tendrá a su cargo los siguientes objetivos:

- Monitoreo y seguimiento del programa en cada uno de sus niveles:

1. Reuniones periódicas con los distintos niveles.
2. Análisis de la información relevada por nivel.
3. Elaboración de informes de seguimiento.
4. Evaluaciones periódicas de desempeño de los distintos actores.

- Diseño de campañas masivas de prevención primaria del suicidio
para la población en general mediante las artes, los deportes y la
comunicación con los siguientes objetivos:

1. Sensibilizar a la población general respecto de la problemática del suicidio.
2. Concientizar sobre indicadores y factores de riesgo y protectores, comunicar a la vez la característica y ubicación de los recursos comunitarios disponibles para el abordaje de la crisis, ya que el suicidio es una problemática que tiende a ocultarse y estigmatizarse.
3. Bajar el nivel de prejuicio existente respecto de hablar del suicidio.

- Elaborar manuales de procedimientos para los diferentes actores sociales, incluidos los medios de comunicación masiva, sobre información responsable y educación para la prevención.
- Establecer contactos entre diferentes redes para realizar programas conjuntos de prevención.

Antes de instrumentar cualquier campaña de promoción o prevención con niños y adolescentes, más si éstas son planteadas en el ámbito provincial, es indispensable tener capacitados los niveles I y II de intervención, que son quienes van a recibir la demanda de orientación y asistencia, de no ser así el programa podría revertirse en un efecto bumerán, o simplemente esterilizarse, con lo cual se comprometería la eficacia de futuras intervenciones.

Programa escolar de identificación, monitoreo y atención del riesgo suicida (PEIMARS)

Respecto al tratamiento institucional en escuelas y establecimientos educativos, en general hay algunos criterios ya establecidos de acuerdo con la delimitación de la forma y la extensión del campo de intervención.

Son mejor aceptadas las intervenciones en contextos ampliados, como por ejemplo distritos escolares o direcciones generales de escuelas, que las intervenciones aisladas por establecimiento. De esta manera se evita la singularización y culpabilización de una determinada comunidad educativa y se reconoce la emergencia de las crisis como la manifestación de un problema que las autoridades están dispuestas a asistir y prevenir en otros establecimientos educativos.

Por otra parte, esto también incide sobre la forma de intervención porque posibilita capacitar al personal docente y permite analizar su implicación en la resolución de la crisis, de otra manera muchos docentes se ven forzados a intervenir ante el hecho consumado, sin herramientas conceptuales, con el consabido desgaste que, a su vez, tiene repercusiones en el ámbito de los lazos sociales institucionales.

a. Etapa de preparación.
   Duración: tres horas.
   Jornada de información, diagramación y planificación para docentes, equipos y autoridades escolares.

b. Etapa de pre-intervención (identificación).
   Duración: de acuerdo con la población a evaluar.
   Administración de ISO 30 y pruebas complementarias.
   Selección de casos.
   Distribución por grupos de riesgo: Alto-Moderado-Bajo.

c. Etapa de intervención (monitoreo y atención).
   Duración: diez semanas.
   Diez reuniones, con una frecuencia semanal de grupos sostén para altos y moderados.

   Ejes temáticos de las reuniones:

• Mitos y prejuicios.
• Factores de riesgo y factores protectores.
• Historia personal de pertenencia y participación (dos reuniones).
• Redes de apoyo psicológico y social (dos reuniones).
• Autoestima.
• Estrategias de afrontamiento.
• Capital psíquico y valor de la vida (dos reuniones).

Mientras que se desarrolla esta parte del programa con reuniones de grupo sostén, los alumnos que obtuvieron riesgo bajo diseñan e instrumentan la campaña institucional de sensibilización sobre el valor de la vida.

d. Etapa de post-intervención (evaluación de eficacia).
   Duración: de acuerdo con población a evaluar.
   Administración de ISO 30 y pruebas complementarias.
   Misma población que en la etapa anterior.
   Derivación de casos a tratamiento.

e. Etapa de comunicación y planificación de seguimiento.
   Duración: cuatro horas.
   Jornada con docentes, equipos y autoridades escolares.

- Comunicación de resultados.
- Diseño de actividades escolares de seguimiento del programa.
- Afrontamiento de nuevos casos.

Los profesionales del distrito interesados pueden participar junto con el equipo de intervención en las cinco etapas a fin de capacitarse para intervenir cuando finalice el programa.

Una experiencia exploratoria

No siempre se dan las condiciones para la aplicación minuciosa de los programas diseñados, ya que por lo general las demandas surgen en un contexto de urgencia social por epidemias de parasuicidios o suicidios consumados.

A mediados de 2006 se intervino en una población rural de la provincia de Santa Fe, de 15 000 habitantes, distante alrededor de 700 kilómetros al noroeste de la ciudad de Buenos Aires. En una intervención que duró 48 horas se administraron 370 protocolos de evaluación, de los cuales se tabularon 240 provenientes de las siete escuelas de la ciudad.

El equipo estuvo conformado por dos profesionales y dos asistentes técnicos que luego de instrumentar una síntesis de ambos programas descritos anteriormente (PMVA y PEIMARS) dejaron cinco operadores locales trabajando con sendos grupos identificados como de alto y moderado riesgo.

Cuadro 1. Riesgo suicida según puntuación total
e ideación suicida (ítems críticos)

Riesgo	Mujeres		Varones		Total	
Riesgo por puntuación	Casos	%	Casos	%	Casos	%
Bajo	74	45.4	36	46.8	110	45.8
Moderado	67	41.1	28	36.4	95	39.6
Alto	22	13.5	13	16.9	35	14.6
Total	163	100	77	100	240	100
Riesgo por ideación suicida	Casos	%	Casos	%	Casos	%
Ausente	120	73.6	58	75.3	178	74.2
Presente	43	26.4	19	24.7	62	25.8
Total	163	100	77	100	240	100
Riesgo por ambos criterios	Casos	%	Casos	%	Casos	%
Ausente	119	73.0	54	70.1	173	72.1
Presente	44	27.0	23	29.9	67	27.9
Total	163	100	77	100	240	100

Nota: No se encontraron diferencias estadísticamente significativas para las medias, según la variable sociodemográfica sexo (Prueba t).

Cuadro 2. Medias por sexo para puntaje total y cada subescala

ISO	Mujeres		Varones		Muestra total	
	X	s	X	s	X	s
Puntaje bruto	32.57	12.71	32.25	12.52	32.47	12.62

ISO	Mujeres		Varones		Muestra total	
Desesperanza	5.77	2.75	5.35	2.80	5.63	2.77
Baja autoestima	7.37	3.32	7.43	4.06	7.39	3.57
Incapacidad afrontar emociones	9.21	3.25	9.40	2.88	9.27	3.13
Soledad y aislamiento social	5.60	3.70	5.21	3.74	5.48	3.71
Ideación suicida	4.62	4.45	4.86	4.28	4.70	4.39

Cuadro 3.[1] Medias por edad recodificada para puntaje total y cada subescala

ISO	11 a 15 años	16 a 26 años	
	Rangos promedios	Rangos promedios	U de Mann-Whitney
Puntaje bruto	130.11	104.34	5374.0; p = .004
Desesperanza	122.59	115.09	6428.0; p= .405
Baja autoestima	129.27	105.55	5492.5; p =.009
Incapacidad afrontar emociones	121.11	117.20	6634.5; p= .664
Soledad y aislamiento social	124.67	112.12	6136.5; p= .164
Ideación suicida	137.05	97.28	4682.5; p=.000

Nota: Se recodificó la variable edad, cuya mayor concentración se da entre los 13 y 17 años, en dos grupos de 11 a 15 años (N = 140; 59%) y de 16 a 26 años (N = 100; 41%). Aplicando la prueba U de Mann-Whitney se observan diferencias estadísticamente significativas para el puntaje bruto y las dimensiones baja autoestima e ideación suicida, en todos los casos a favor del grupo de los más jóvenes.

---

[1] En el procesamiento del material y confección de las tablas colaboró la licenciada Silvia Mele.

Después de seis meses, el dispositivo de intervención funciona coordinado por un docente local con experiencia en el trato con adolescentes, monitoreado periódicamente por el equipo de intervención. En ese fin de semana participaron de la campaña de sensibilización, prevención y capacitación aproximadamente 500 personas entre padres, alumnos, docentes y funcionarios, detectándose resistencia a la participación por parte de los profesionales de la salud.

En los cuatro meses subsiguientes a la intervención no ocurrieron suicidios ni intentos. Después de ese lapso acontecieron dos intentos en población adulta que no participó de las actividades. En la población adolescente, principal beneficiada por la aplicación del programa, se profundizó la identificación de nuevos casos, propiciada por los propios concurrentes a los grupos sostén.

Sólo a título de mención quedaría destacar las intervenciones por autopsia psicológica, en casos de investigaciones de suicidios consumados, orientando tal instrumento científico pericial a la labor preventiva (Martínez, 2005).

Conclusión

Si bien se van a cumplir cuatro décadas de la existencia de organizaciones dedicadas a la prevención del suicidio en Argentina, la tarea investigativa y académica sistematizada, junto con la educación a los profesionales de la comunicación y el diálogo con los funcionarios políticos va moldeando un espacio de producción conceptual y operativa capaz de funcionar de manera eficaz en el accionar suicidológico.

La formación de nuevas organizaciones no gubernamentales, el compromiso de voluntarios mejor capacitados y misiones institucionales con mayor elaboración y alcance comunitario, posibilita que los sobrevivientes y afectados por la problemática tomen conciencia de la necesidad de ayuda, generando acciones locales que van abriendo el surco para identificaciones e intervenciones más complejas.

Por estos días se está constituyendo la Mesa Nacional de Prevención del Suicidio, encargada de elaborar el programa nacional tan largamente requerido y anhelado. Si bien en la realidad latinoamericana existen sobradas muestras de que lo embrionario no garantiza el desarrollo y la consolidación de procesos, es cierto que hoy se cuenta con variados instrumentos articulados en la última década que hace que los operadores de este contexto poliédrico se puedan sentir un poco más consistente y esperanzadoramente sostenidos.

Bibliografía

Adam, K. (1985). *Attempted suicide*. Psychiatric Clinic of North América, 8(2), 183-201.

Bertolote, J. (2004). Prevención del suicidio, ámbitos de intervención. En *World Psychiatry*. Edición especial 2: 3, diciembre, 147-150.

Caplan, G. (1966). *Principios de psiquiatría preventiva*. Buenos Aires: Paidós.

Casullo, M.M. (1998). *Adolescentes en riesgo. Identificación y orientación psicológica*. Buenos Aires: Paidós.

—— (2002). *Narraciones de adolescentes con alto riesgo suicida*. Psicodiagnosticar. 12, 43-52.

——, Bonaldi, P., y Fernández Liporace, M. (2000). *Comportamientos suicidas en la adolescencia. Morir antes de la muerte*. Buenos Aires.

——, Fernández Liporace, M., y Contini de González, N. (2006, inédito). *Estudio comparativo sobre adolescentes en riesgo suicida*.

—— y Fernández Liporace, M. (1997). Investigación sobre riesgo suicida en adolescentes. Prácticas psicológicas en la escuela, *Investigaciones en psicología*, 2(2), 33-41.

Fernández Liporace, M., y Casullo, M.M. (2005, en prensa). Validación factorial de una escala para evaluar riesgo suicida. *Revista Iberoamericana de Evaluación Psicológica*.

Folino, J., y Escobar Córdoba, F. (2004). *Nuevos aportes a la evaluación del riesgo de violencia. Revista de Medicina*, Universidad de Buenos Aires, *7*, 99-105.

Hacker, F. (1973). *Agresión*. Barcelona: Grijalbo.

Kreitman, N. (1977). *Parasuicide*. Nueva York: Wiley.

Maris, R. (1992). The relation of nonfatal suicide attempts to completed suicides. En R.W. Maris, A.L. Berman, J.T. Maltsberger, y R.I. Yufit (eds.), *The Assessment and prediction of suicide* (362-380), Nueva York: Guilford Press.

——, Berman, A., Silverman, M., *et al.* (2000). *Comprehensive texbook of Suicidology*. Nueva York y Londres: Guilford Press.

Martínez, C. (2005). Autopsia psicológica y prevención del suicidio. *Psicología y psicoanálisis y salud colectiva*, *1*, 2005. En prensa. Publicación del Centro Internacional de Psicología y Psicoanálisis.

—— y Pomares, A. (2006). *Las redes sociales de apoyo en la rehabilitación del proceso suicida*. Trabajo presentado en el II Congreso Internacional de Suicidología. Corrientes, Argentina, septiembre.

Menestrina, N., Passalacqua, A., *et al.* (2001). Un estudio acerca del riesgo suicida en niños y adolescentes con Rorschach. *Anuario de Investigaciones en Psicología*, ɪx, 108-116.

Moron, P. (1992). *El suicidio*. Presses Universitaires de France. México: Publicaciones Cruz.

Organización Mundial de la Salud (oms) (2003*). Informe Mundial sobre la Violencia y la Salud.*

Passalacqua, A., *et al.* (1996). Beyond Subjects Response: Detecting Suicidal Inclinations in the Rorschach Inkblot Technique. *Revista Rorschachiana, Yearbook of the International Rorschach Society, 21*, 62-71.

Passalacqua, A., *et al.* (1997). Investigación sobre suicidio y Rorschach: Investigaciones en psicología. *Revista del Instituto de Investigaciones de la Facultad de Psicología, 2*(1), 73-87.

Passalacqua, A., *et al.* (1998). Acerca del potencial suicida en adolescentes: aproximación a través del Rorschach. *Anuario de Investigaciones en Psicología, VI*, 358-371.

Passalacqua, A. (1999). The Rorschach Test in the detection of Suicidal Potential. *Revista Rorschachiana, Yearbook of the International Rorschach Society, 23*, 1-15.

Shneidman, E. (1985). *Definition of suicide*. Nueva York: Wiley.

Villardón, G.L. (1993). *El pensamiento de suicidio en la adolescencia*. Bilbao, España: Universidad de Deusto.

Capítulo 2

El suicidio en la cultura maya: una aproximación psicoantropológica

Gaspar Baquedano López *

El suicidio afecta a un creciente número de personas en el mundo. Sin ser privativo de ningún grupo humano se observan tasas elevadas en sociedades culturalmente vinculadas, sin que hasta el momento sepamos con certeza las razones de esas predominancias (Bertolote, 2001). Aunque en apariencia es un acto individual, las conductas autodestructivas se dan en contextos más amplios, por lo que la comprensión de este proceso puede enriquecerse mediante el análisis de su dimensión psicológica y sociocultural (Vijayakumar, 2001; Wasserman, 2001). Por esta razón es afortunado que en un texto de suicidología se disponga de un espacio para analizar los aspectos sociales y culturales de esta problemática.

A pesar de que Émile Durkheim, uno de los pioneros del estudio del suicidio, partió de la sociología (Durkheim, 1994), por mucho tiempo la literatura científica sobre este tema ha sido preponderantemente psicológica y psiquiátrica. Salvo excepciones, hasta hace pocos años los estudios socioculturales en torno al suicidio daban la impresión de ser agregados de las mencionadas disciplinas. Aún más, si una investigación sobre el suicidio provenía de ciencias no directamente relacionadas con lo biopsíquico, a menudo era considerada con escepticismo. Sin embargo, el suicidio no es sólo un asunto psiquiátrico o psicológico; es un complejo proceso multifactorial que puede estudiarse a partir de disciplinas diversas, que años atrás no se relacionaban con este problema (De Leo, 2004; Silverman, 2004; Soubrier, 2004; Wasserman, 2004).

---

* Médico psiquiatra. Maestro en antropología social. Vicepresidente de la zona sur de la Federación Nacional de Sociedades Pro Salud Mental. Profesor de psiquiatría de la Facultad de Medicina, Universidad de Yucatán. Fundador del Programa Universitario para el Estudio del Suicidio de la Facultad de Antropología, Universidad de Yucatán. Fundador y supervisor del programa comunitario para la prevención del suicidio "Salvemos una Vida". Responsable del servicio de urgencias del Hospital Psiquiátrico "Yucatán". Egresado del programa de postgrado del Swedish National Centre for Suicide Research and Prevention of Mental Ill-Health, Instituto Karolinska, Estocolmo, Suecia.

Los efectos de la simplificación biopsíquica y de la medicalización del suicidio podría reflejarse en los cuestionamientos, cada vez más intensos, sobre la efectividad de los programas preventivos (Bertolote, 2004). Por ejemplo, ¿cuál sería el papel de los programas comunitarios cuando la complejidad del suicidio es reducida a la categoría de problema de salud mental? Como resultado de esta medicalización, la valiosa participación ciudadana en términos preventivos podría limitarse a enviar personas a hospitales o centros de salud. Por el contrario, si el suicidio es considerado como un proceso multifactorial ubicado en un contexto económico, social y cultural, el campo de las acciones comunitarias y de investigación se amplían enormemente.

Por mencionar un ejemplo, con este cambio de perspectiva la labor comunitaria de grupos voluntarios en las escuelas pondría más énfasis en la detección de la depresión, acción sin duda importante pero reducida, y se ampliaría al sensibilizar a los docentes para incrementar la calidad de vida de sus alumnos, sin poner énfasis en lo "patológico". Asimismo, desde esta aproximación multidimensional, la investigación del suicidio abarcaría la comprensión de los efectos del proceso de globalización económica que especialmente impacta a minorías étnicas. Dicho de otra manera, en el exceso sobre los componentes biopsíquicos, se ha perdido la panorámica integral del suicidio que permitiría considerar otras importantes facetas del mismo, como los aspectos económicos y socioculturales.

El presente capítulo fue desarrollado desde una perspectiva psicoantropológica, enfocándose en la cultura maya, cuya temática central es el suicidio. Se propone una aproximación no occidental que permita: *1)* comprender la cosmogonía maya precolonial; *2)* identificar el impacto de la conquista española y la imposición del cristianismo en la construcción de la imagen de la muerte en la cultura maya; *3)* analizar los aspectos religiosos mayas relacionados con el suicidio; *4)* interpretar el sentido del suicidio precolonial y contemporáneo; *5)* reflexionar críticamente sobre el papel del Estado y la religión católica en este proceso, y *6)* señalar la importancia de los factores psicoantropológicos en la prevención del suicidio.

De entrada es necesario advertir que no se pretende un entretenido paseo por el llamado "Mundo Maya", sino más bien, se trata de una crítica a las estructuras de poder que sujetan esta cultura. Más que promoción de "lo maya" al estilo turístico, se propone el análisis de los componentes suicidas observables en este grupo social. Para una mejor exposición del tema es conveniente dibujar una imagen general de la cultura maya, en particular de su religión y de algunas tradiciones y creencias respecto a la muerte, para posteriormente enfocarse al suicidio. La muerte es un proceso con múltiples facetas, siendo una de las más dramáticas el suicidio; para investigar el suicidio se requiere de una perspectiva lo más amplia posible de la imagen de la vida y la muerte construida por un determinado grupo social. Por esta razón, en el presente trabajo las imágenes que de la muerte tiene la cultura maya, representadas en tradiciones y creencias, tienen un papel preponderante.

Los orígenes

De acuerdo con los paleontólogos, la Tierra tiene una antigüedad de 4500 millones de años, y se encuentra en un continuo proceso de transformación. Según estos expertos, la civilización actual surge al finalizar la era de Hielo (periodo Pleistoceno) y desde hace 2.5 millones de años vivimos en la era Cuaternaria (Bolaños, 1992; Quezada, 2001; Rivet, 1981). La cultura maya floreció en lo que hoy conocemos como Mesoamérica, término relativamente nuevo en el lenguaje antropológico y que abarca poco más de la mitad del territorio mexicano y que incluye también otros países centroamericanos. En Mesoamérica se desarrollaron varias culturas, cada una con características específicas, pero que al mismo tiempo interactuaron entre sí. Para los fines del capítulo, interesan de manera especial la religión y tradiciones mayas en su estrecha relación con la concepción del suicidio, por lo que se enfatizará en estos aspectos (Fernández, 2003; López, 1997; Piña, 1972; Ruz, 1991).

La cultura maya forma parte del mosaico mesoamericano y recibe una importante influencia de la cultura tolteca, como puede apreciarse en los asentamientos arqueológicos de Chichén Itzá, así como en la figura de Kukulkán, la serpiente emplumada que dejó un sello en la vida y religión de los mayas peninsulares. Este personaje de origen tolteca fue considerado un héroe reformador político y religioso, mientras estuvo en Yucatán aproximadamente entre los años 967 y 987 de la era cristiana (Krikeberg, 1997). Cabe mencionar que los sacrificios humanos que tanto impactaron a los frailes españoles es probable que tuvieran su origen en la cultura tolteca.

Sin embargo, la cultura maya posee características propias; por ejemplo, rebasa de manera significativa los límites del actual territorio mexicano. En México comprende los estados de Yucatán, Quintana Roo, Chiapas y parte de Tabasco. Fuera de la República Mexicana incluye Guatemala, Belice, Honduras, Salvador, Nicaragua y una porción de Costa Rica. En total, esta área abarca una extensión de unos 325 000 kilómetros cuadrados. Pero su importancia no radica únicamente en la dimensión territorial, ya que tiene características intrínsecas, principalmente en cuanto a religión y tradiciones que justifican su presencia en un texto de suicidología.

Como hecho relevante de esta cultura, el suicidio ocupó un lugar preponderante en sus prácticas, al grado de ser la única cultura prehispánica (y quizá también la única en el mundo) con una deidad consagrada al suicidio. Un importante hecho relacionado con lo anterior es que de acuerdo con el Instituto Nacional de Geografía y Estadística (INEGI) es precisamente la zona maya mexicana situada en el sureste del país (Tabasco, Campeche, Quintana Roo y norte de la península de Yucatán), la que tiene las tasas más altas de suicidio en comparación con otras regiones de la nación (INEGI, 2002). Este problema es también preocupante en otras zonas mayas fuera de México, por ejemplo en Guatemala.

¿Hasta dónde persiste en la actualidad la influencia de las creencias prehispánicas mayas en torno del suicidio? Esta es una de las preguntas que surgen cuando se investiga el suicidio desde una perspectiva amplia, en este caso psicoantropológica, y constituye una cuestión central en este trabajo.

Los mayas prehispánicos

De acuerdo con Sylvanus Morley (1975), la historia maya puede dividirse en tres épocas generales: Preclásica, que se extiende desde aproximadamente 1500 a.C. hasta 317 d.C.; Clásica, que abarca del 317 de la era cristiana hasta 889, y Posclásica, de 889 hasta 1697, fecha en que los últimos mayas fueron conquistados. El ascenso de la cultura maya comenzó en el periodo Clásico, pero después del año 900 d.C. declinó precipitosamente; abandonó sus ciudades y dejó sus centros ceremoniales vacíos y cubiertos de jungla (Chase A. y Chase D., 1996; Valdez, 1996). La causa de esta caída es incierta. Algunos autores hablan de cambios climáticos, enfermedades y desastres naturales, tales como huracanes o terremotos, mientras que otros investigadores sugieren que tuvo lugar una rebelión de las grandes masas contra los abusos de la clase sacerdotal (Sahloff, 1998).

Cosmología maya prehispánica

La existencia de deidades benéficas y malévolas, opuestas unas a otras, caracterizaba el dualismo de la religión maya prehispánica (Román y Rodríguez, 1997). Se precisaba ayudar a los dioses buenos para que salieran victoriosos y, al mismo tiempo, calmar a los malignos. Según los mayas prehispánicos, el universo estaba conformado por tres grandes ámbitos en sentido vertical, de arriba abajo; el supramundo, dividido en trece estratos, correspondería en términos contemporáneos al cielo maya. La tierra, como nivel intermedio e imaginado de manera cuadrangular, era el centro del universo y ahí vivía el ser humano. El inframundo, conformado por nueve niveles, equivaldría a la concepción cristiana del infierno (Abilio, 1997; Manzanilla, 1997).

Los dioses residían en los trece niveles superiores a donde Ixtab, la deidad del suicidio, llevaba aquellos que se ahorcaban. El suicidio, relacionado de esta manera con el nivel superior 13, no fue únicamente permitido sino que también se asociaba al placer, ya que el paraíso maya era un atractivo lugar para descansar con abundante comida y bebidas. Sorprendentemente, los números nueve y trece, correspondientes al supramundo y al inframundo de la cosmogonía maya, se encuentran en numerosas creencias actuales acerca de la salud, la enfermedad, la vida y la muerte.

Un enorme árbol que comunicaba el supramundo con el inframundo se alzaba exactamente en el centro de la tierra. Era la ceiba (*Ceiba Pentandra Gaertin*), árbol sagrado de los mayas (Freidel, Shele y Parker, 1993). Por sus raíces subían al mundo los ancestros mayas, mientras que por su tronco y ramas llegaban hasta el cielo más alto. Este árbol sagrado, que es frecuente encontrarlo actualmente en los montes de Yucatán, significaba el alivio del dolor terrenal al alcanzar los placeres de los cielos superiores.

Actualmente la ceiba está rodeada de un halo de misterio, miedo, muerte y sensualidad. Es importante señalar que es precisamente el ahorcamiento en un árbol el método suicida usual en Yucatán en las zonas rurales, en contraposición de otras maneras de privarse de la vida; por ejemplo, con armas de fuego o envenenamiento. Cabe señalar que tanto las armas de fuego como los venenos son de fácil adquisición en esas áreas. El suicidio por ahorcamiento podría ser uno de los puntos de enlace entre los suicidios actuales y las reminiscencias paganas simbolizadas en la ceiba, imágenes que se proyectan en una leyenda contemporánea que será expuesta más adelante.

La conquista de los mayas yucatecos

El español Francisco Hernández de Córdoba descubrió Yucatán en 1517 y años más tarde su compatriota Francisco de Montejo llegó a la isla de Cozumel, situada en el mar Caribe, en lo que hoy ocupa el estado de Quintana Roo. Para entonces, los mayas yucatecos se encontraban dispersos y debilitados, como resultado de graves enfrentamientos internos. El primer contacto entre la cultura europea y la maya fue amistoso por parte de los mayas, cosa que animó a los españoles a avanzar hacia tierra firme y emprender la conquista de México. Sin embargo, el inicio de las hostilidades no se hizo esperar. La conquista de Yucatán rebasó los cálculos españoles, pues tardó 19 años: dio inicio en 1527 y concluyó en 1546. La invasión española, con la imposición de modelos conceptuales ajenos, fue un suceso impactante que tocó la profundidad de la civilización maya. Su antigua religión fue prohibida obligándoseles a profesar el cristianismo, siendo constantemente vigilados para no volver al paganismo (Bretos, 1983; Reed, 1964).

El choque de las culturas en la forma en que se realizó hirió la susceptibilidad nativa auténtica en forma sumamente profunda; esa autoridad y justicia nuevas representaron temor, miedo, inseguridad y caos (Feher, 1976; Márquez, 1996). El impacto de ese genocidio, la desintegración social, la *anomia*, de acuerdo con Durkheim, han dejado profundas repercusiones en la cultura maya, mismas que podrían palparse en las actitudes actuales hacia la muerte, específicamente hacia el suicidio (Alvira y Blanco, 1998; Overrington, 1998; Ramos, 1998).

La religión maya y el suicidio

En la religión se refleja de manera importante la ideología de un grupo social (Fromm, 1980). El estudio de la religión de una cultura permite explorarla en su profundidad, entre otros motivos porque ofrece respuestas sobre el sentido de la vida y la muerte. De entre las culturas mesoamericanas, la maya es rica en creencias y tradiciones religiosas palpables aún en la actualidad. Las principales fuentes de información sobre la religión de los mayas antiguos podrían dividirse en pre y posthispánicas.

Las primeras son monumentos arqueológicos y libros jeroglíficos, conocidos actualmente como los códices Dresde, Madrid y París (López y Serrano, 1997; Mathews, 1996; Sharer, 1998). Entre las posthispánicas están las crónicas españolas escritas durante la conquista de Yucatán, en particular las de fray Diego de Landa, así como documentos mayas escritos en español por los mayas durante y después de la conquista, los llamados *Libros del Chilam Balam* y el *Popol Vuh* (Barrera, 1989; Canto, 1991; Zapata, 1994).

La religión actual de los mayas yucatecos es un sincretismo del antiguo paganismo con las manifestaciones exteriores del cristianismo, porque el maya adoptó un inconsciente eclecticismo en esto. Aunque venera a los santos de la Iglesia católica romana, se interesa poco en el fundador del cristianismo. Al mismo tiempo, varias de las más importantes divinidades del antiguo panteón maya han desaparecido o se han transformado (Thompson, 1982). En general, podría decirse que a la cultura maya se le despojó de sus antiguas deidades, pero desarrolló una verdadera idolatría hacia las imágenes y santos católicos, cosa evidente en cultos y festividades contemporáneas.

Principales dioses prehispánicos de la vida

Itzamná era considerado el Gran Señor, dios del Sol, de la luz, el que da calor, cuyo poder hace germinar la tierra. Se le rendía culto no solamente por su calidad de astro, sino por su función como proveedor de vida. Ixchel era la deidad luna, pareja de Itzamná, protectora de la fertilidad y preñez, a ella se invocaba en los cuidados de la mujer durante el embarazo y parto. Esta pareja divina, que habitaba en el supramundo, es figura central entre las deidades mayas.

Principales dioses prehispánicos de la muerte

Ah Puch representaba la deidad de la muerte, generalmente aparece con el rostro, costillas y columna vertebral descarnadas, como un esqueleto. Esta divinidad reinaba en el último nivel del inframundo, el infierno maya. Ixtab, diosa del suicidio, quien, debido al tema que nos ocupa, requiere de una mayor atención. Esta deidad aparece con una cuerda atada al cuello, por lo que se le reconoce como la diosa de los ahorcados. Se concebía que los suicidas, los hombres que caían en la guerra y las mujeres que morían de parto, iban directamente al paraíso, con Ixtab, razón por lo que era reconocida como una diosa benévola.

En relación con esta diosa, fray Diego de Landa (1938) escribió: "Decían también y tenían por muy cierto, iban a la gloria los que se ahorcaban, y así había algunos que con pequeñas ocasiones de tristeza, trabajos o enfermedades, se ahorcaban para salir de ellos, e ir a descansar a su gloria donde los recibía la diosa de la horca que llamaban Ixtab". Esta importante deidad maya prehispánica, así como su presencia trans-formada en una conocida leyenda contemporánea, será objeto de un análisis más detenido. En términos generales, la religión actual de los mayas yucatecos combina elementos de su antigua religión con la nueva, fenómeno psicosocial observado en culturas que han sido dominadas (Fromm, 1980).

Actitudes contemporáneas hacia la muerte y el suicidio en la cultura maya yucateca

Las actitudes actuales hacia la muerte y el suicidio en las zonas mayas de Yucatán tienen como telón de fondo innumerables creencias religiosas. La muerte es un excelente observatorio que permite profundizar en las actitu-des de una cultura, es mucho más que el cese de las funciones biológicas, hay muchas formas de morir a la vez que hay diferentes maneras de vivir trascendiendo el plano puramente físico. De esta manera puede hablarse de muertes emocionales, familiares psicológicas y sociales que rebasan el estrecho espacio biológico. Las expresiones psicológicas y sociales de estas maneras de morir son reguladas por el poder, específicamente por el Esta-do y la religión, quienes norman las costumbres y las tradiciones.

Desde esta perspectiva, que va más allá de la biología, entre las formas de morir destaca el suicidio debido a que contiene una intensa carga emocional y sociocultural. En este mismo sentido, quien se suicida culmina biológicamente una muerte que se había dado mucho antes. Su muerte física, por ejemplo colgado de un árbol, culmina un proceso autodestructivo gestado con anterioridad.

Como parte del presente capítulo, desarrollado con una visión psicoantropológica, se describen actitudes recolectadas por el autor mediante el trabajo de campo con habitantes de las zonas rurales, las cuales tienen un significativo trasfondo cultural maya. Estas actitudes podrían de alguna manera, reflejar la concepción religiosa maya-cristiana de hoy día hacia la muerte y el suicidio.

Las actitudes en estos grupos se relacionan con la manera de imaginar la vida como una línea recta que comienza en el nacimiento, siendo la muerte el final de esta trayectoria. Ambos momentos son decididos por Cristo quien, además, determina la forma de sufrir y morir. No es permitido interferir en estos designios, y si alguien lo hace actúa bajo algún influjo maligno. De esta manera, el cristianismo tiene un papel preponderante en la concepción maya del proceso vida-muerte, donde se enfatiza el sufrimiento y se minimiza el disfrute. La concepción prehispánica de la muerte era cualitativamente distinta.

En la actualidad, la muerte física natural es percibida como descanso, alivio del dolor cotidiano y en última instancia como el cumplimiento de la voluntad divina. Quien muere de forma natural provoca sufrimiento en familiares y amigos, pero también infunde esperanza por la posibilidad de una vida mejor distinta a la terrenal. Quien muere de manera natural acepta su sufrimiento, cumplió con sus deberes y ahora puede descansar.

Por el contrario, el suicida se encuentra en una situación distinta, ya que cede a los embates de la vida y no acepta los sufrimientos que Dios le envía. El suicida desafía la voluntad divina y traiciona al grupo al que pertenece, ya que escapa al sufrimiento y evade sus compromisos terrenales. Es por eso que las actitudes hacia la muerte natural y el suicidio generan actitudes distintas en estas comunidades. Mientras que en la muerte natural se habla de descansar en paz, en el suicidio se habla de escape, pecado, castigo y de algo demoniaco. El suicida burla la prohibición, pero tal vez por eso despierta también cierto atractivo.

Las actitudes contemporáneas hacia el suicidio en personas entrevistadas que viven en zonas rurales son en esencia ambivalentes, ya que por un lado se le censura, pero por el otro, insensiblemente se deja entrever que es una opción, una alternativa frente al sufrimiento, la pobreza y el cansancio de vivir.

Podría decirse que en el ámbito consciente se le rechaza, pero que inconscientemente hay una puerta entreabierta que conduce a la autodestrucción. Es decir, no hay una oposición tajante hacia el suicidio, lo cual queda implícitamente reservado para ciertas situaciones. Esta actitud ambivalente hacia el suicidio podría ser resultado del entrecruzamiento de la permisividad hacia el suicidio de la antigua religión maya con la prohibición cristiana impuesta en la conquista española. Esta manera ambigua de percibir el suicidio complica su prevención.

Los familiares de los suicidas son objeto de marginación y estigma, ya que de alguna manera se les responsabiliza de lo sucedido. La casa en donde ha habido un suicidio es vista con temor y rechazo y en la comunidad esa familia es identificada como los familiares "del ahorcado". Un dato interesante que habla de este estigma es el destino de la ropa del suicida, ya que nadie la acepta por temor a recibir alguna influencia demoniaca y habitualmente sus familiares la queman. Si el suicidio fue por ahorcamiento, el árbol también debe ser quemado, pues se cree que fue obra del demonio.

Los velorios y entierros de los suicidas tienen un componente de clandestinidad, temor y ambigüedad, mientras que los funerales de las personas que mueren naturalmente son socialmente abiertos. En estos velorios habitualmente se ensalzan las virtudes del difunto, pero en el de los suicidas se entremezcla la vergüenza y la culpa. En los funerales de los suicidas, los familiares y amigos se preguntan unos a otros, en voz baja, el porqué, se habla de compasión pero al mismo tiempo hay reproche. Sin embargo, contradictoriamente hay también cierta curiosidad y admiración.

Habitualmente los sacerdotes católicos se niegan a oficiar misa y en los cementerios se permite el entierro del suicida pero procurando que la tumba pase desapercibida. En contraste, en el altar maya del Día de Muertos que se prepara anualmente y que es una importante reminiscencia pagana, hay lugar para ellos. Dicho de otra forma, a pesar de la intromisión cristiana, en las ceremonias mayas de origen pagano hay espacio para los suicidas, pero este espacio se acorta en la medida en que aumenta la censura.

En términos amplios, en las actuales comunidades mayas rurales no hay preocupación por prevenir futuros suicidios, dejando esa posibilidad abierta para los "cansados", término que se aplicaba a los suicidas y que fue registrado por los cronistas españoles del siglo XVI durante la conquista. Por cierto, el término "cansancio " persiste en la actualidad cuando se pregunta sobre las razones del suicidio, el cual es visto como una maldición a la que cualquiera está expuesto; no es un asunto que pueda evitarse por medio de acciones racionales, se le vincula con el mundo de lo sobrenatural. Tal vez esto último pueda ayudar a comprender ciertas actitudes permisivas que se observan actualmente bajo la forma de pasividad e incluso indiferencia hacia acciones preventivas.

Pero la influencia de la cultura maya no se limita a personas que habitan en las zonas rurales, es más marcada en estas áreas pero no desaparece del todo en el ámbito urbano. Este predominio es observable también en la vida urbana mediante infinidad de expresiones lingüísticas, tradiciones, comida, música, etcétera. ¿Existen diferencias cualitativas en las actitudes hacia el suicidio en las zonas rural y urbana? Para explorar esta pregunta el autor sostuvo entrevistas con estudiantes universitarios y con personas de diferentes grupos sociales que viven en la ciudad capital, encontrando en ellas también ambivalencia, rechazo, temor y pasividad hacia la idea de prevenir el suicidio, dejándolo veladamente como una alternativa.

En otras palabras, aunque con coloraciones distintas, esencialmente se trata de actitudes similares en el campo y en la ciudad. A pesar de las racionalizaciones particularmente observables en estudiantes de psicología, en el fondo se aprecia también cierta justificación hacia el suicidio. Hallazgos similares se encontraron en diferentes puntos de la capital mediante la investigación de actitudes realizadas por estudiantes de antropología y medicina en la realización de sus tesis asesoradas por el autor. Es pertinente comentar que debido a su importancia en términos preventivos, las actitudes hacia el suicidio en poblaciones universitarias son objeto de interesantes estudios en Europa, particularmente en Estocolmo, Suecia (Sorjonen, 2003).

Por otro lado, en las áreas rurales la enfermedad mental, que es una forma de muerte psicológica y social, es considerada también de origen maligno. Es la manifestación del demonio bajo la forma de desórdenes en la salud y que si bien es tratada con medicinas, al final de cuentas pertenece al terreno sobrenatural. El enfermo mental, a la vez que temido es descalificado socialmente, con el consecuente pronóstico sombrío en cuanto a su rehabilitación. Vive un irremediable destino de sufrimiento y, hasta cierto punto, se cree que hay muy poco por hacer. Muerte, suicidio y enfermedad mental, generadores de una profunda angustia, parecen compartir importantes elementos culturales observables en actitudes religiosas cargadas de temor, rechazo, tabú, superstición, estigma y ambivalencia. Cuando un enfermo mental se suicida, la cantidad e intensidad de imágenes es especialmente considerable en comunidades pequeñas.

Tradiciones y creencias mayas

El miedo a la muerte es probablemente la angustia fundamental del ser humano y la exploración de este temor puede ser una forma de profundizar en las manifestaciones culturales (Abadi, 1973). Los mayas creían en la inmortalidad y cuando alguien moría se le amortajaba intentando satisfacer sus necesidades en la otra vida, por ejemplo con la comida (De la Garza, 1997). Por esta razón se le llenaba la boca con maíz molido en forma de masa (Malvido, 1997). Es posible que estas ideas en torno a la inmortalidad y a la satisfacción de necesidades propias de los vivos hayan dado lugar a la tradición del Día de Muertos en el Yucatán actual (Cuesta, 2001).

Para ilustrar las tradiciones y leyendas de los mayas actuales así como su relación con el suicidio, se ofrecen algunos relatos recogidos en el trabajo de campo en Chumayel, Yucatán, pequeña comunidad rural del sur del estado, que conserva una marcada influencia maya observable en su vida cotidiana (Baquedano, 2004).

El Día de Muertos

La siguiente descripción corresponde a fragmentos de una entrevista con una "rezadora" acerca de esta importante tradición que se celebra en noviembre de cada año:

> En las mañanas se pone una jícara de agua, porque cuando lleguen los espíritus de los difuntos la van a tomar. Si hay fruta se les pone también. Se les pone caliente la comida porque dicen que el vapor que saca la comida es lo que aprovechan ellos (los muertos) y las tortillas se les ponen

recién hechas, calientitas. Se les ponen las velas: las de colores para los niños y para los adultos de color café. A los niños les gustan los colores. Dentro de ocho días vamos a poner las velas que quedan sobre las albarradas, para que les señalen el camino a los muertos. Es importante dejar siempre una veladora encendida sobre el altar. Algo que nunca puede faltar es la cruz, ponemos cruces de todos tamaños.

Actitudes hacia el suicidio en el Día de Muertos

En esta importante celebración maya cristiana descrita arriba, las almas de los suicidas son tratadas casi igual que las demás. El tipo de alimentos y bebidas, las diferentes ofrendas, el color de las velas, etcétera, son las mismas para todas las almas. No hay diferencias en cuanto a género o edad del suicida. Por decirlo en sentido figurado, las almas de los suicidas se sientan a disfrutar en la misma mesa en compañía de otros difuntos, ya sean familiares o amigos. En apariencia no hay discriminación.

Pero hay una importante restricción que consiste en no mencionar el nombre "del ahorcado" en los rezos católicos. Nótese que se refieren al suicida como "el ahorcado", lo que es una costumbre muy difundida en la zona maya. Esto es interesante ya que los cronistas españoles (específicamente el obispo Landa), escribieron que los mayas antiguos veneraban a la que llamaban "Diosa de los Ahorcados". En la actualidad, es común que en estas comunidades muchas personas utilizan "ahorcado" y "suicida" como sinónimos.

¿Por qué esta ambigüedad en el altar del Día de Muertos, ya que por un lado se admite a los suicidas pero por el otro se les censura?

Esta pregunta podría comenzar a explorarse si comprendemos que en la celebración dedicada a los muertos se manifiesta de manera explícita la fusión de la antigua religión maya y el catolicismo. Como parte de las estrategias de colonización del siglo XVI se persiguieron las creencias religiosas mayas con el fin de lograr su completa erradicación, pues éstas encontraban en sus creencias un poderoso detonante para la reinstalación de sus deidades.

Se requería entonces de un cambio de estrategia para el control social, permitir un cristianismo cercano a lo pagano, pero que finalmente venerara al dios vencedor, es decir, al cristiano. De esta manera el cristianismo que fue asimilado y transformado por los mayas es muy diferente al romano. La "mayanización" de las ceremonias cristianas para los muertos se hace particularmente evidente en esta celebración. El cristianismo observado en los altares del Día de Muertos como en las ofrendas de las milpas, raya en el paganismo. Se trata, valga la expresión, de un cristianismo pagano cuyos márgenes se encuentran claramente trazados por la Iglesia católica a través de ideas, como la obediencia al Dios único y a sus ministros religiosos.

Volviendo al tratamiento ambivalente que se le da a los suicidas el Día de Muertos, por el lado maya pagano se les acepta, pero por el católico se ejerce la censura que prohíbe mencionarlos en los rezos. La presencia de la cruz cristiana es indispensable en el altar de muertos, ya que cristianiza una tradición de origen pagano. Por esto, en esta celebración no se puede incluir a un suicida en la lista de personas por las que se pide perdón y clemencia ante el dios vencedor, el cristiano.

Actitudes hacia el suicidio en una comunidad de la zona maya

Se presentan a continuación fragmentos de entrevistas realizadas a dos personajes que podrían tener un grado de representatividad en cuanto a valores y actitudes en la comunidad mencionada. Estas personas son el enterrador y el curandero quienes expresan opiniones respecto al suicidio.

El enterrador. Don Santos, enterrador de la comunidad, habla a propósito de un suicidio cometido en esta población:

Bueno, yo creo que se suicidó porque ya estaba viejito, ya no veía bien y no podía trabajar ni hacer nada, estaba muy pobre. Así es mejor que esté muerto, ya para qué sirve. Se llamaba Venancio, estaba obsesionado con morirse, porque ya no podía hacer nada. Los suicidas no pueden ir a la Gloria, ¡que se los coman los gusanos! Tampoco deben estar en el cementerio. Se van (los suicidas) pero meten en problemas a los que se quedan en esta vida. Los más perjudicados son los que se quedan, el que muere pues se da la buena vida. Los ancianos llegan al tope y ya no pueden dar más. Los hombres se matan más porque se joden más que las mujeres.

El curandero. Don Hermenegildo, curandero de la comunidad, expresa lo siguiente:

Pues la persona que hace esas maldades (suicidio) no la recibe Dios, está sirviendo al ángel malo. El mal está detrás de quien se ahorca. El mal se lleva el alma de quien se suicida, se convierte en su esclavo. Para poder llegar con Dios lo tienen que meter en fuego, en agua hervida, y después hay que secarlo. Ya que esté limpio va junto a Dios.

Comentarios sobre los relatos anteriores

Como la mayoría de los informantes de esta comunidad, don Santos, el enterrador, ve en el suicidio, a la vez que un descanso para el sufrimiento de quien lo realiza, una complicación para los familiares. De esta manera, el suicidio es percibido como una actitud ventajista puesto que todos sufren, pero algunos deciden salir de su dolor y ocasionan problemas a los demás. En este sentido, el suicidio es imaginado como una agresión hacia los otros, como un problema para los vivos.

En el relato del enterrador puede percibirse un sentimiento de hostilidad hacia los suicidas de los que dice no tienen derecho a la gloria ni tampoco deberían estar en el cementerio. Pero también el suicidio es imaginado como algo hasta cierto punto comprensible, pues don Venancio "no podía trabajar y así es mejor estar muerto". De acuerdo con otros informantes de esta comunidad estudiada, el suicidio es percibido como resultado de la improductividad y de la pérdida del rol social. Es también imaginado como una cuestión de género, pues según el entrevistado, lo realizan más los hombres por ser ellos quienes "se joden", reflejando la carga económica y social sobre los varones de estas áreas rurales (Canneto, 1998).

Es interesante la dimensión del daño social percibida en el relato, con lo que se rebasa la noción individualista del suicidio. Esto se ilustra en esta frase de don Santos: "los más perjudicados son los que se quedan vivos, el que muere pues se da la buena vida". También hay que hacer notar que cuando dice que el suicida se da la "buena vida", podría pensarse que el suicidio es imaginado más que como muerte, como una forma distinta de existir más placentera que la actual. Esto sugiere que quien se suicida en última instancia no busca la muerte, sino una forma de vida mejor que la presente, lo cual coincide con la antigua concepción maya del suicidio. Tal vez esto refleje una actitud permisiva hacia el suicidio en estas áreas de pobreza y marginación social.

Las actitudes hacia el suicidio expresadas por don Santos son hasta cierto punto de aceptación del suicidio, especialmente cuando se trata de ancianos que "llegan hasta el tope y no pueden dar más". Sin embargo, esta actitud condescendiente contrasta con sus propios comentarios de tono punitivo que reflejan la influencia religiosa cristiana presente en esta población. En el mismo relato se advierte que los suicidas no pueden entrar a la gloria, tienen que ser juzgados y serán comidos por los gusanos. No pueden ser enterrados en el cementerio y, de esta manera, culmina el proceso de marginación social que tuvieron en vida al negárseles un lugar en la ciudad de los muertos.

En contraste, en el relato del curandero se aprecia un abierto rechazo e incluso amenazas de condenación eterna hacia los suicidas. ¿Cómo podrían explicarse estas actitudes opuestas, una que justifica y otra que prohíbe, representadas en estos informantes clave de la comunidad? Una forma podría ser reflexionando sobre el rol social de cada uno de ellos.

El enterrador enfrenta de manera descarnada la muerte y el dolor de los familiares, eso es parte importante de su rol social. Pertenece a una comunidad con importantes carencias económicas y tal vez de manera inconsciente se plantea que ante la vejez, la enfermedad y la pobreza, el suicidio puede ser una opción. Es decir, su contacto directo con la muerte física, emocional, social y económica lo acerca a la justificación del suicidio. En su relato personal de alguna manera expresa también la percepción de otros integrantes de su comunidad.

Por otro lado, el rol social del curandero es la salud, siente que lucha contra la muerte, por lo que la justificación del suicidio sería incomprensible. De ahí que el suicida sea un esclavo del demonio y cuya alma debe ser purificada. Hay un elemento que no puede pasarse por alto, ya que el curandero tiene estrechas alianzas con el sacerdote católico de la comunidad, de quien recibe ayuda y consejo para desempeñar mejor su trabajo. El curandero dice que del sacerdote católico ha aprendido rezos en latín (cuyo significado admite desconocer), cosa que según sus propias palabras le dan poder y estatus en comparación con otros curanderos. En sus curaciones entremezcla maya, español y latín, dando por resultado una imagen que se asemeja a una ceremonia maya dentro de una iglesia católica. Se trata de una estrategia de la Iglesia católica que en lugar de oponerse tajantemente a estas prácticas casi paganas, se mezcla con ellas y las monopoliza. En esta fusión de intereses "maya cristianos" no puede haber actitudes ambivalentes hacia el suicidio y por eso es condenado.

En la esencia de los relatos anteriores podrían destacarse dos actitudes principales hacia el suicidio. En la del enterrador puede observarse ambigüedad, pero al final se aprecia cierta justificación cuando se trata de personas ancianas, enfermas, imposibilitadas para trabajar y con problemas económicos. En la del curandero hay prohibición, amenazas y castigos. Ambas actitudes pueden complicar los programas para prevenir el suicidio en comunidades con estas características culturales. En esta comunidad rural puede observarse una actitud ambivalente hacia el suicidio dentro de un complejo marco social, económico y religioso.

Creencias precoloniales y coloniales combinadas en una leyenda contemporánea: la *Xtabay*

Los cuentos y leyendas forman parte medular de las expresiones de una cultura, son una manera privilegiada de asomarse al interior de un grupo humano (Baqueiro, 1981). De la amplia gama de leyendas se ha escogido la de la *Xtabay*, por ser una de los más populares dentro de la tradición oral y escrita de Yucatán, México, que habla de una hermosa mujer maya que se aparece cerca de la ceiba, árbol sagrado de la religión maya (Mass, 2000; Mediz, 1974). En esta leyenda se proyectan interesantes valores relacionados con la sexualidad, el pecado, la muerte y el suicidio (Rosado y Rosado, 2000). La Xtabay encuentra su origen en la diosa maya Ixtab que también se aparecía cerca de la ceiba para conducir a los suicidas al paraíso.

Para ubicar en el tiempo a ambas figuras femeninas, Ixtab pertenece al periodo prehispánico y la Xtabay al colonial y contemporáneo. La diosa Ixtab era patrona de los suicidas por ahorcamiento, los que se suponía gozarían de un paraíso especial; su recuerdo subsiste en la Xtabay de las leyendas coloniales y actuales: la mujer hermosa que de noche vaga por los campos (Ruz, 1991). Es importante subrayar la similitud fonética entre ambos nombres.

La Xtabay seduce a sus víctimas masculinas que ven a una bella y sensual mujer maya peinándose bajo una ceiba, cuando intentan abrazarla se transforma en un horrible ser y los incautos mueren destrozados por sus garras y entre espinos de cactus (Godelier, 1981; Sosa, 2000). Si sobreviven pierden la razón, que en un sentido psicosocial es también una forma de muerte. De esta manera, la benévola diosa Ixtab se transforma en la maléfica Xtabay que ya no lleva a los hombres al cielo maya guiados por una soga al cuello, sino que los hunde en el infierno cristiano. Es importante señalar que de acuerdo con esta leyenda, quienes abrazan a la Xtabay lo hacen a sabiendas de que morirán, lo que de alguna manera apunta hacia un acto suicida. En este mismo sentido, quienes únicamente lo intentan y cuentan la leyenda, son sobrevivientes de un suicidio.

Por otro lado, uno podría preguntarse, ¿por qué la Xtabay seduce únicamente a los hombres, por qué no hay una versión masculina de este personaje en donde las víctimas sean mujeres? Una forma de explorar esta pregunta es señalar que en el medio rural maya los suicidios masculinos superan en mucho a los femeninos. Hay algunos indicadores tomados de las crónicas de la conquista que sugieren que también en esa época el suicidio masculino era más frecuente. En la actualidad, los varones utilizan predominantemente el ahorcamiento en un árbol y un alto porcentaje de ellos se encuentra alcoholizado. A este grupo se le considera históricamente proclive al suicidio.

La Xtabay surge como una versión aterradora que intenta alejar a los hombres del árbol del pecado, en donde la diosa de la ceiba, Ixtab, ofrecía el paraíso mediante el suicidio. Esta leyenda podría mirarse como una adaptación de la imagen bíblica de la serpiente y Adán (árbol, hombre, mujer, deseo, placer, prohibición, castigo), en un intento por condenar uno de los pecados más graves: el suicidio. En esta nueva versión de Ixtab puede verse el tono evangelizador del cristianismo invasor que intenta alejar al ser humano de las tentaciones contenidas en su trasfondo cultural pagano.

El suicidio en el Yucatán actual

La región sureste mexicana (Yucatán, Campeche, Tabasco y Quintana Roo), que corresponde a la zona maya, tiene las cifras más elevadas de suicidio en el país. La frecuencia suicida en la zona sureste es tres veces mayor que la media nacional, que es de 2.8 por 100 000 habitantes. El suicidio en el estado de Yucatán es mayor en las áreas rurales, situación que prevalece hasta el momento, siendo precisamente estas zonas en donde viven personas con marcada ascendencia maya. En esta entidad, que cuenta con un millón y medio de habitantes, se tiene un promedio mensual de doce suicidios, lo que representa tres muertes por suicidio a la semana, es decir, uno cada segundo día, predominantemente varones, por ahorcamiento y bajo los efectos del alcohol u otras drogas.

A pesar de la contundencia de estas cifras, no existe ningún programa gubernamental en todo el país que se ocupe de prevenir el suicidio. Hay una marcada indiferencia gubernamental por investigar y prevenir el suicidio, e incluso oposición o celos hacia las acciones comunitarias, así como ocultamiento de estadísticas. Es común el oportunismo político que utiliza la prevención del suicidio como tema de campañas, o bien, en la inauguración de algún foro.

Sin embargo, en el estado de Yucatán la comunidad se ha organizado y desde hace doce años se tiene un programa de voluntarios para prevenir el suicidio ("Salvemos una Vida"), que es el único en su género en todo el país. Entre otras actividades, este programa trabaja en escuelas, cuenta con una línea telefónica de ayuda, imparte talleres para reclutar voluntarios, así como un programa de radio semanal para difundir mensajes de tipo preventivo. Es obvio que estas acciones son insuficientes dada la magnitud del problema.

Recientemente se ha despertado el interés por investigar el suicidio por parte de algunos estudiantes universitarios, en especial de ciencias sociales, psicología y medicina. Dentro de la universidad local, la Facultad de Antropología ha destacado por su interés en el tema, pero aun ahí, la burocracia y la apatía de algunos directivos ha sido un problema adicional. El autor trabaja directamente tanto con voluntarios de la comunidad como con estudiantes universitarios interesados en investigar el tema del suicidio.

Como puede verse, frente a la apatía gubernamental, la comunidad y la universidad han sido hasta ahora las únicas respuestas ante estas elevadas cifras de suicidio.

Discusión y comentarios finales

En la actualidad en Yucatán tan sólo vemos vestigios de lo que fue la civilización maya. Al hacer a un lado los monumentos arqueológicos que son mudos testigos de una salvaje destrucción, únicamente quedan de aquella cultura un lenguaje destrozado, marginación económica y social, proliferación de alcohol y drogas, desempleo, falta de adecuados servicios de salud y la imposición de políticas gubernamentales para integrarlos a la "modernidad".

Esta imagen de privación económica y social representa, en su conjunto, un elevado factor de riesgo suicida (Botega y De Souza, 2004; Kendall, 1983; Lester, 1995; Skog, 1991; Stack Wasserman, 1989; Wasserman y Varnik, 2001; Platt, 1984; Yang y Lester, 1994).

En medio de esta complejidad, las actitudes hacia la vida y la muerte de sus habitantes, en especial de las áreas marginadas, se han transformado. Como parte de la caótica situación a la que se enfrentan a diario los habitantes de las zonas mayas, la búsqueda de la muerte surge como una opción desesperada para un creciente número de personas. Hoy como ayer, la anomia propuesta por Durkheim es una útil herramienta para comprender el suicidio en contextos caóticos (Besnard, 1998).

En el siglo XVI, el obispo e inquisidor Quijada relataba que los mayas preferían colgarse de un árbol antes que ser bautizados. Hoy los mayas viven de nueva cuenta el proceso de control social ejercido por el Estado y la Iglesia católica, y de nuevo la muerte surge como una opción. En el esquema globalizador que determina la actual economía del país no hay espacios ni alternativas para ellos; en otras palabras, los mayas actuales cuyos antepasados fueron conquistados por los españoles, viven hoy otra forma de exterminio: la imposición de modelos económicos diseñados en universidades extranjeras, de esquemas de "primer mundo" que muy poco o nada tienen que ofrecer a las minorías étnicas. Por citar un ejemplo reciente, los servicios de salud van rumbo a la privatización, lo cual constituiría un golpe mortal para la supervivencia maya.

Las actuales circunstancias del país, resultante de políticas gubernamentales y económicas destinadas a engordar a la élite, son el tiro de gracia para una de las culturas que desde hace más de cinco siglos vive a diario un proceso de muerte. La religión católica es hoy la mejor alianza para el Estado y, como resultado de esta fusión, se imponen modos de pensar, de sentir y de actuar. Una vez más en nombre de Cristo se impone y justifica el ejercicio del poder sobre el pueblo maya. Bajo la idea de fomentar "el amor a los pobres indios" se encubren actitudes racistas y discriminatorias.

Lo maya es despreciado en Yucatán y los propios habitantes de este origen étnico han desarrollado estrategias para ser aceptados en su propia tierra y sobrevivir. Es por eso que muchos de ellos cambian su nombre maya por uno español de similar significado, por ejemplo, *Ek* es cambiado a "Estrella", o *Dzul* a "Caballero". Lo maya es parte de toda esta mercadotecnia que vende al mundo la imagen de sus majestuosos monumentos arqueológicos, por ejemplo, Chichén Itzá que pretende ser considerado una de las "Siete Maravillas del Mundo Moderno". En estos vestigios la charlatanería sustituye al hecho histórico y se deforman los hechos para dar paso a los más fantásticos relatos para impresionar al turista.

Ahí se escuchan atractivas invenciones, algunas de ellas francamente ridículas, para impresionar al visitante cándido, mismas que buscan sustituir a la tragedia de la región. De lo que se trata es de vender "la imagen de un Mundo Maya", con nombre de hoteles en maya, con restaurantes y bares que ofrecen exóticos guisos y bebidas. Un ejemplo es Cancún y la llamada Riviera Maya, que son la máxima expresión de un mundo ficticio que los inversionistas extranjeros han atinado en llamar "maya". Todo eso es parte de una gran mentira porque ni es un mundo ni es de los mayas. Las personas con ese origen tal vez tengan acceso a alguna de estas instalaciones y playas maravillosas, pero en calidad de albañiles explotados que construyen magnificentes hoteles, humildes meseros o pescadores que viven de la propina del turismo.

En medio de esta anomia emerge la imagen de Ixtab, quien antes que llegaran los españoles ofrecía el paraíso maya. Ahora, es un Cristo sufriente que dio su vida por los otros, el que ofrece el paraíso cristiano (Kopfler, 1969). Estas dos importantes piezas son necesarias para completar el rompecabezas que conduce a la comprensión de las actuales conductas suicidas en la cultura maya. Itzamná e Ixchel, pareja divina del antiguo panteón maya, ha sido reemplazada por Cristo y la Virgen de Guadalupe, ambos impuestos por el catolicismo.

Hay muchos indicadores de que la actual cultura del sureste de México vive un conflicto con relación al suicidio. Si los datos epidemiológicos que apoyan esta afirmación son tan sólo la parte visible del iceberg, ¿cuáles podrían ser los factores que subyacen en la parte no visible?

Hay por supuesto muchas formas de explorar esta pregunta y una de ellas puede ser la perspectiva psicoantropológica. Desde este enfoque hay que considerar los aspectos históricos, sociales y culturales que pueden ofrecer una visión longitudinal y transversal del problema. Por ejemplo, reflexionar sobre el impacto devastador de la conquista española sobre la civilización maya al imponer una ideología y una religión que confrontó violentamente las antiguas creencias mayas.

Parte esencial de este conflicto con relación al suicidio es que la religión maya permitía el suicidio y que el cristianismo impuesto en el siglo xvi lo prohibió. ¿Es suficiente la prohibición para abolir una conducta? Tanto en la antropología como en el psicoanálisis podemos encontrar muchos ejemplos que muestran las reacciones que origina la censura. Por ejemplo, las culturas acuden a estrategias de supervivencia para perpetuar una costumbre vetada al recurrir frecuentemente a la violencia o la clandestinidad. De manera similar, en el plano psicológico el sujeto reafirma sus síntomas ante situaciones de rigidez, represión y violencia, recurriendo inconscientemente a los mecanismos de defensa. En otras palabras, ante la imposición y la prohibición, el individuo y los grupos tienden a perpetuar la conducta censurada o bien, la transforman.

En el caso que nos ocupa, resultaría ingenuamente simplista esperar que la prohibición cristiana hacia el suicidio aboliera esta práctica. Al igual que otras costumbres observables en el presente, la permisividad prehispánica hacia el suicidio podría permanecer de manera inconsciente en la actualidad, particularmente en aquellos grupos en donde la influencia de la cultura maya es mayor. Esto es, en aquellos grupos que conservan la lengua maya como primer idioma y en donde las tradiciones y creencias antiguas son parte de su vida cotidiana.

Son precisamente estos grupos los que en la actualidad viven en condiciones infrahumanas en las áreas rurales, con abuso de alcohol y de otras drogas, con graves problemas económicos, que resienten a diario los efectos de la marginación social, así como la manipulación política del poder representado en la alianza Estado-Iglesia (Menéndez, 1995).

Estos son justamente los grupos de alto riesgo suicida en Yucatán, México, en donde la prevención se complica por el conflicto entre la permisividad subconsciente y la prohibición consciente. La prevención del suicidio en Yucatán, así como en sociedades en donde hay más de una cultura involucrada, es más complicada y por lo mismo requiere que estas acciones que en otros factores, se propongan hacer consciente lo inconsciente.

En el caso de la cultura maya, la prevención requiere hacer evidente que subyace un violento mensaje cultural que considera el suicidio como una opción ante el sufrimiento y la frustración, mensaje que bloquea al individuo respecto de pugnar por una mejor calidad de vida.

La conciencia de la influencia de contenidos culturales antagónicos, así como la ambigüedad en el manejo de la agresión, debe ser un objetivo prioritario en los programas preventivos de comunidades en las que se superponen creencias y tradiciones provenientes de dos o más culturas diferentes, especialmente cuando una de ellas se impuso violentamente sobre la otra.

El concepto de la vida y la muerte maya ha sufrido diversas transformaciones a lo largo del tiempo, pero no es exagerado decir que en los últimos 500 años las creencias se transformaron bajo el dominio del poderoso. Como siglos atrás, a esta cultura se le han negado los derechos más elementales, siendo manipulada por políticos oportunistas, por supuestos líderes con ascendencia maya que dicen luchar por preservar la identidad cultural (Castillo y Castañeda, 2004).

En la actualidad, a la imagen de Ixtab se ha superpuesto la de un Cristo triste utilizado por el autoritarismo religioso para el eficaz control social. Esta imagen cristiana impuesta por el catolicismo tiene un mórbido mensaje de sufrimiento y autosacrificio. Este Cristo que dio su vida para salvar a la humanidad (suicida altruista en las categorías de Durkheim), ha sido tomado con profundo fervor por una cultura agredida que ha incorporado esta imagen católica de dolor y resignación que, se insiste, tiene peso en la construcción de las actitudes contemporáneas hacia la vida, la muerte y específicamente el suicidio. Estas creencias, simultáneamente paganas y cristianas, son la médula de un maya-cristianismo, de un sincretismo religioso que observamos en la actualidad en las fiestas y tradiciones de las zonas rurales de Yucatán (Estrada, 1978; Fernández, 1995).

En cierta manera, la influencia de Ixtab está presente en Yucatán desde la época prehispánica hasta nuestros días, pues el ahorcamiento es el método suicida más frecuente, representa alrededor de 90% de los casos en este lugar. Esta situación es aún más sugerente si consideramos que en las zonas rurales es habitual tener armas de fuego que se utilizan para la caza o el cuidado de las propiedades. ¿Por qué en lugar de dispararse prefieren el ahorcamiento? Esto señala la importancia de considerar la complejidad del contexto cultural cuando se estudian los posibles métodos para prevenir el suicidio (Leenar, 2001).

En la actualidad la prensa publica en su sección policiaca, a menudo de manera sensacionalista, de por lo menos dos suicidios semanales en Yucatán, estado con una población de millón y medio de habitantes.

Al respecto cabe preguntarse: ¿por qué las noticias sobre suicidios se publican en aquella sección junto a conductas delictivas y criminales? El elemento condenatorio y moralista hacia el suicidio, considerado como una conducta individual y no social, puede estar presente en la media, lo que implica sensibilizar a estos profesionales (Shmidtke, 2001; Snack, 1993).

Hoy en día es muy difícil que en las zonas mayas yucatecas alguien mencione a la diosa Ixtab, pero su lugar ha sido ocupado por la leyenda de la Xtabay, ya descrita en este trabajo, que es muy conocida tanto en zonas rurales como urbanas. El nombre "Xtabay" o "Ceiba" se encuentra lo mismo en centros nocturnos que en clínicas del IMSS o en fraccionamientos elitistas. En los años cincuenta, a los carros patrullas de la policía yucateca se les llamaban "la Xtabay", y cuando una persona era detenida, se decía que se la había llevado la Xtabay. Hay incluso un parque con una escultura dedicada al personaje de la leyenda. Además, en Yucatán hay una bebida alcohólica llamada xtabentún, que es la delicia de los visitantes y que es anunciada como un producto "típicamente maya". Esta bebida alcohólica se encuentra estrechamente ligada a la leyenda de la Xtabay, pero por razones de espacio no es posible ahondar en ello.

Baste decir, por ahora, que la influencia maya es evidente en el Yucatán actual. Son innumerables los elementos que sostienen esta afirmación. Entre ellos, el español que se habla en esta zona tiene un marcado e inconfundible acento maya que cotidianamente, en el campo y la ciudad, se combina con palabras de esa lengua, presentes incluso en la prensa local. Por otro lado, la comida, expresiones y tradiciones, apuntan a su origen nativo, marcando una notable diferencia con el resto de México, al grado que no poca gente visitante comenta que se siente en otro país.

La presencia de este capítulo en un texto de suicidología resultaría en cierto modo ocioso si no se plantea esta pregunta, que es, en definitiva, la esencia del trabajo: ¿cuál podría ser la influencia actual de las creencias religiosas y tradiciones prehispánicas mayas relacionadas con el suicidio?

Hay por supuesto varias maneras de intentar trabajar esta pregunta que se ha mantenido latente a lo largo del capítulo, pero que al final de cuentas desembocarían en dos propuestas. La primera, la ingenua, afirmaría una correlación forzada de los suicidios contemporáneos con la diosa maya de los ahorcados. Es evidente la fragilidad de esta propuesta unilateral que navega en la superficialidad, en lo simple, en la imagen del fenómeno y no en la esencia del mismo.

La otra forma es más complicada pues supone una ruptura epistemológica (Bachelard, 1948), que al dejar lo aparente dé paso al concepto, a lo abstracto, mirando al suicidio de manera profunda, más allá de las imágenes que se muestran en la superficie: como un aspecto crítico del proceso vida-muerte. Esta ruptura epistemológica formula otra pregunta: Si a pesar del genocidio del siglo XVI existe una marcada influencia maya sobre el estilo de vida actual del sureste mexicano, ¿por qué no lo habría también en las actitudes hacia la muerte, específicamente el suicidio? La vida y la muerte son aspectos indisolubles de un mismo proceso y el suicidio se construye en sus contradicciones. Al hablar de una implícitamente se hace referencia a la otra, esto es, el suicidio en Yucatán emana del significado de la vida y la muerte que ha construido esta cultura.

La investigación del suicidio y las estrategias preventivas no pueden dejar de lado las consideraciones de tipo social, antropológico y psicológico. Sin embargo, hay una fuerte tendencia en México y también en otros países a considerar de manera unilateral este complejo problema. A menudo la psiquiatría actual, fuertemente influenciada por la farmacología, circunscribe el problema a la depresión, a las bases genéticas y bioquímicas de la conducta. Esta simplificación de la problemática suicida complica las estrategias para su prevención, que no pueden quedar en acciones ingenuas, románticas o idealistas, sin tocar el fondo de esta grave problemática económica, social y cultural.

El enfoque psicoantropológico hacia el suicidio con relación a la cultura maya de México, podría también considerarse en aquellos lugares que cuenten con minorías étnicas y con una historia de dominación e imposición ideológica. Este enfoque puede ser una alternativa en términos preventivos cuando se integra a otras perspectivas para investigar el suicidio, por ejemplo, la psicología, el psicoanálisis, las ciencias sociales y la psiquiatría (Mishara, 1996; Philips, 2004; Preti y Miotto, 1997).

El suicidio es un fenómeno multifactorial que en el caso que hoy nos ocupa, los mayas de Yucatán, México, contiene un importante trasfondo cultural, religioso y económico. Las aproximaciones fragmentadas dificultan la percepción de la totalidad del proceso suicida, obstaculizan el trabajo científico interdisciplinario y complican su prevención.

Bibliografía

Abadi, M. (1973). *La fascinación de la muerte*. Buenos Aires: Paidós.

Abilio, A. (1997). *El cuerpo humano y su tratamiento mortuorio*. México: CONACULTA.

Abreu, E. (1951). *Las leyendas del Popol Vuh*. México: Colección Austral.

Alonso, G. (1981). *Algunas ideas para el estudio del suicidio*. México: Departamento de Estudios Socioeconómicos de la UADY.

Alvira, F., y Blanco F. (1998). Estrategias y técnicas investigadoras en el suicidio de Émile Durkheim. *Revista Española de Investigaciones Sociológicas, 81,* 69-70.

Bachelard, G. (1948). *La formación del espíritu científico*. México: Siglo XXI.

Baquedano, G. (2004). *Reflexiones sobre la muerte. Imágenes de Chumayel, Yucatán.* Tesis para optar al título de Maestro en Antropología, opción antropología social, Facultad de Ciencias Antropológicas, Universidad Autónoma de Yucatán, México.

Baqueiro, O. (1981). *Magia, mitos y supersticiones entre los mayas*. México: Fondo Editorial de Yucatán.

Barrera, A. (1985). *El libro de los libros del Chilam Balam*. México: Editorial Dante.

Bertolote, J. (2001). *Suicide an unnecessary death*. London: Martin Dunitz.

—— (2004). Prevención del suicidio: Ámbitos de intervención. *World Psichiatry, 2,* 147-148.

Besnard, P. (1998). Anomia en la teoría de Durkheim. *Revista Española de Investigaciones Sociológicas, 81,* 41-43.

Bolaños, R. (2000). *Historia patria*. México: McGraw-Hill.

Botega, N., y De Souza, L. (2004). Brasil: Necesidad de prevención de la violencia (incluyendo el suicidio). *World Psichiatry, 2,* 158-159.

Bretos, M. (1983). *Arquitectura y arte sacro en Yucatán*. México: Editorial Dante.

Canetto, S. (1998). The Gender Paradox in Suicide. *Suicide and Life-Threatening Behavior, 28,* 1.

Canto, A. (1991). *Apuntaciones sobre Meso América*. México: UADY.

Castillo, J., y Castañeda, Q. (2004). *Estrategias identitarias. Educación y la antropología histórica en Yucatán*. México: Universidad Pedagógica Nacional.

Chase, A., y Chase, D. (1996). *Los sistemas mayas de subsistencia y patrón de sentamiento: pasado y futuro. Los mayas: el esplendor de una civilización*. España: Centro Cultural de la Villa.

Cuesta, R. (2001). *De la tumba a la vivienda*. México: UADY.

De la Garza, M. (1997). *El cuerpo humano y su tratamiento mortuorio*. México: CONACULTA.

De Leo, D. (2004). La prevención del suicidio es mucho más que una cuestión psiquiátrica. *World Psichiatry, 2,* 155-156.

Delgado, G. (1993). *Proceso de gestación de un pueblo*. México: Editorial Alarubra Mexicana.

Durkheim, E. (1994). *El suicidio*. México: Ediciones Coyoacán.

Estrada, R. (1978). *Ceremonias y leyendas mayas*. México: Fondo Editorial de Yucatán.

Farberow, N., y Shneidman, E. (1961). *Estudio sobre el suicidio y su prevención*. México: La Prensa Médica Mexicana.

Feher, E. (1976). *El choque de las culturas hispano-indígenas*. México: Ediciones Metropolitanas.

Fernández, F. (1995). *Celebrando a los santos: Sistemas de fiestas en el noroccidente de Yucatán*. México: Alteridades. Universidad Autónoma Metropolitana.

Fernández, L. (2003). *Historia prehispánica y colonial de Yucatán*. México: McGraw-Hill Interamericana.

Freidle, D., Schele, A., y Parker, L. (1993). *Maya cosmos. Three thousands years on the shaman path*. USA: Quill William Morrow.

Fromm, E. (1973). *The dogma of Christ*. Estados Unidos: Fawcet Premier.

—— (1980). *Psicoanálisis y religión*. Argentina: Editorial Psique.

Godelier, M. (1981). *Infraestructura, sociedades, historia*. México: Cuicuilco.

Heikkinen, M., Isometsa, y Marttunen, M. (1995). Social factors in suicide. *British Journal of Psychiatry, 167,* 747-753.

INEGI (2002). *Censo general de población o vivienda*. México: Informática Digital.

Kendall, R. (1983). Alcohol and suicide. *Substance and Alcohol Actions/Misuse, 4,* 121-127.

Klopfer, B. (1969). *Estudio sobre el suicidio y su prevención*. México: La Prensa Médica Mexicana.

Krickeberg, W. (1977). *Las antiguas culturas mexicanas*. México: Fondo de Cultura Económica.

Krotz, E. (1994). Alteridad y pregunta antropológica. *Alteridad,* 15-16.

Landa, D. (1938). *Relación de las cosas de Yucatán*. México: Editorial Dante.

Leenar, A., y Wasserman, D. (2001). *Suicide, an unnecessary death. The role of the media*. Londres: Martin Dunitz.

Lester, D. (1995). The association between alcohol consumption and suicide and homicide rates: a study of 13 nations. *Alcohol and Alcoholism, 30,* 465-468.

López, A. (1997). *El cuerpo humano y su tratamiento mortuorio. De la racionalidad de la vida y de la muerte.* México: CONACULTA.

—— y Serrano, C. (1997). *El cuerpo humano y su tratamiento mortuorio. El tratamiento mortuorio en la necrópolis maya de Jaina, Campeche.* México: CONACULTA.

Luy, J., y Ramírez, M. (1997). *El cuerpo humano y su tratamiento mortuorio. Cuerpo y mente ante la muerte.* México: CONACULTA.

Maas, H. (2000). *Leyendas yucatecas.* México: UADY.

Makinen, I. (1997). Are there social correlates to suicide? *Social science medicine, 44,* 1919-1920.

Malvido, E. (1997). *Civilizados o salvajes. Los ritos al cuerpo humano en la época colonial.* México: CONACULTA.

Manzanilla, L. (1997). *El concepto de inframundo en Teotihuacan.* México: CONACULTA.

Márquez, L. (1996). *Paleoepidemiología en las poblaciones prehispánicas mesoamericanas.* México: *Arqueología Mexicana.*

Mathews, P. (1996). Epigrafía de la región del Usumacinta. *Arqueología mexicana, 4,* 14-15.

Mediz, A. (1974). *La tierra del faisán y del venado.* México: B. Costa-Amic editor.

Menéndez, H. (1995). *Iglesia y poder.* México: Editorial Nuestra América.

Mishara, B. (1996). Comonalities and differences in perspectives on suicide from differents culture. *Omega, 33,* 177-178.

Morley, S. (1975). *La civilización maya.* México: Fondo de Cultura Económica.

Overrington, M. (1998). Una apreciación retórica de un clásico sociológico: el suicidio de Durkheim. *Revista española de investigaciones sociológicas, 81,* 102-103.

Pijoan, C. (1997). *Evidencias de sacrificio humano, modificación ósea y canibalismo en el México prehispánico.* México: CONACULTA.

Piña, R. (1972). *Historia, arqueología y arte prehispánico.* México: Fondo de Cultura Económica.

Phillpis, M. (2004). Prevención del suicidio en países en vías de desarrollo: ¿dónde comenzar? *World Psichiatry, 2,* 156-157.

Platt, S. (1984). Unemployment and suicide behavior: A review of the literature. *Social Science Medicine, 19,* 93-115.

Preti, A., y Miotto, P. (1999). Social economic influence on suicide. *Archives of suicide research, 5,* 141-156.

Quezada, S. (2001). *Breve historia de Yucatán.* México: Fondo de Cultura Económica.

Ramos, R. (1998). Un tótem frágil. Aproximación a la estructura teórica del suicidio. *Revista Española de Investigaciones Sociológicas, 81,* 20-21.

Reed, N. (1964). *La guerra de castas.* México: Era.

Rivet, P. (1981). *Los orígenes del hombre americano.* México: Fondo de Cultura Económica.

Román, J., y Rodríguez, M. (1997). *El canibalismo prehistórico en el sureste de Estados Unidos.* México: CONACULTA.

Rosado, G., y Rosado, C. (2001). *Mujer maya: siglos tejiendo una identidad.* México: UADY.

Ruz, A. (1991). *La civilización de los antiguos mayas.* México: Fondo de Cultura Económica.

Sahloff, J. (1998). *La civilización maya en el tiempo y en el espacio.* Italia: Res libri/CNCA-INAH.

Sharer, R. (1998). *La civilización maya.* México: Fondo de Cultura Económica.

Shmidke, A., Schaller, S., y Wasserman, D. (2001). *Suicide, an unnecessary death.* London: Martin Dunitz.

Silverman, M. (2004). Prevención del suicidio: Hay que tomar medidas. *World Psychiatry, 2,* 152-153.

Skog, O. (1991). Alcohol and suicide, Durkheim revisited. *Acta Sociológica, 34,* 193-206.

Sorjonen, K. (2003). *For whom is suicide accepted?* Doctoral dissertation, Department of Psychology. Suecia: Stockholm University.

Sosa, R. (2000). *La Xtabay.* México: CIR UADY.

Sourbier, J. (2004). Mirando hacia atrás y hacia delante. La suicidología y la prevención del suicidio: ¿hay perspectivas? *World Psychiatry, 2,* 160-161.

Stack, S. (1993). The media and suicide: a nonadditive model. *The American Association of Suicidology, 23,* 65-66.

—— (2000). Suicide: A 15 year review of the sociological literature. Part I. *The American Association of Suicidology. 2,* 153-155.

—— (2000). A 15 year review of the sociological literature. Part II: modernization and social integration perspectives. *The American Association of Suicidology, 2,* 163-164.

Thompson, E. (1982). *Historia y religión de los mayas,* México: Siglo XXI.

Valdés, J. (1996). Arqueología de la zona del Río de la Pasión, Guatemala. *Arqueología Mexicana, 4,* 51-52.

Vijayakumar, L. (2004). Prevención del suicidio: Una necesidad urgente en los países en vías de desarrollo. *World Psychiatry, 2,* 158-159.

Wasserman, D., y Narboni, V. (2001). *Suicide, an unnecessary death. Examples of suicide prevention in schools.* Londres: Martin Dunitz.

Wasserman, D. (2004). Evaluación de la prevención del suicidio: Necesidad de enfoques diversos. *World Psychiatry, 2,* 154-155.

Wasserman, I. (1989). The effects of war and alcohol consumptions, patterns on suicide: United States, 1910-1933. *Social Forces, 68,* 513-530.

Yang, B., y Lester, D. (1994). Crime and unemployment. *Journal of Socio-economics, 23,* 215-222.

Zapata, G. (1994). *Una visión del mundo maya.* Mérida, Yucatán: Litographik.

CAPÍTULO 3

Modelo de prevención/intervención del suicidio

Roque Quintanilla Montoya [*]

En el transitar de la nada a la vida y después a la nada sólo se interpone un instante individual, quizá el instante más largo e íntimo de la persona en su vida: el instante de la muerte que conduce a la nada, a la no existencia. Este fenómeno sólo encuentra explicaciones "satisfactorias" en el contexto de la religión, después se remite a un problema esencialmente serio, el suicidio: juzgar si la vida vale o no vale la pena vivirla.

A lo largo de la historia de la humanidad se han registrado actos evidentes de suicidio y otros no tanto, lo que nos hace reconocerlo como un fenómeno humano y universal que ha estado presente a lo largo de la historia.

La historia recuerda a grandes personajes que cometieron suicidio: Van Gogh, Ernest Hemingway, Robert Schumann, Cesare Pavese, Virginia Woolf, Manuel Acuña, Jaime Torres Bodet; este último escribió la siguiente nota póstuma: "He llegado a un instante en que no puedo, a fuerza de enfermedades, seguir fingiendo que vivo. A esperar día a día la muerte, prefiero convocarla y hacerlo a tiempo..." (Gamboa, 1998).

Es patente que el suicidio no es nuevo, ha evolucionado con el hombre y sin embargo aún presenta dificultades tanto en su definición conceptual como en la elaboración de un modelo capaz de explicarlo. Las concepciones erróneas que la gente tiene sobre el suicidio dificultan aún más el abordaje científico, por lo que es necesario hacer algunas precisiones conceptuales antes de exponer una visión general sobre el tema.

La aplicación del término a conductas diversas y las múltiples consideraciones sobre el suicidio sólo han contribuido al incremento de la

---

[*] Departamento de Psicología Aplicada, Centro Universitario de Ciencias de la Salud, Universidad de Guadalajara, correo electrónico: roque@cucs.udg.mx.

dispersión conceptual. Shneidman (1973) expone algunas dificultades que giran en torno al suicidio. La primera se refiere al hecho de que la palabra "suicida" se aplica indistintamente a la persona que ha cometido, intentado y pensado en el suicidio. La segunda confusión se relaciona con la temporalidad del acto y se aplica el concepto "suicida" para designar tanto a una persona que cometió suicidio en el pasado, como para definir a una persona que en el presente lo comete. La tercera confusión se relaciona con el propósito, es decir, la intención del acto.

El término suicidio y suicida es relativamente nuevo (Clemente y González, 1996); algunas fuentes lo ubican en Gran Bretaña en el siglo XVII, otras en Francia en el siglo XVIII, tradicionalmente se ha señalado que la palabra tuvo su origen en el abate Prévost en 1734, de quien la retomaron tanto el abate Desfontaines en 1737, como Voltaire y los enciclopedistas.

La academia francesa de la lengua la incluyó en 1762 como "el acto del que se mata a sí mismo" y el *Diccionario de la Real Academia Española*, en la quinta edición publicada en 1817, con una etimología latina paralela a la de homicida, *Sui* (de sí mismo) y *Cadere* (matar): "Dícese del acto o de la conducta que daña o destruye al propio agente".

Esta concepción de suicidio como acto voluntario de matarse a sí mismo presupone, por parte del suicida, una concepción de la muerte y la combinación consciente del deseo de muerte con la acción para llevar a cabo este deseo.

En este abanico de conductas tipificadas como "suicidas" se incluyen también aquellas que no concluyen con la muerte y que son provocadas voluntariamente por el sujeto. Estas conductas son conocidas como tentativas suicidas, amenazas y pensamientos suicidas. En este sentido se aplica el concepto tanto a la persona que amenaza con suicidarse como a la que piensa en ello.

Algunos autores como Pokorny (1986) proponen el término "suicidio consumado" para la muerte por suicidio y "conducta suicida" para una serie de términos relacionados, como tentativa suicida, ideación suicida, amenaza, etcétera. En tanto que, autores como Van Egmond y Diekstra (1989, en Villardón, 1993) se adhieren al concepto de "parasuicidio", acuñado por Kreitman en 1969 (citado en Sarró, 1984), al considerar que el suicidio posee una intencionalidad de morir que no tienen todas las conductas autodestructivas y, por lo tanto, el parasuicidio supone un comportamiento autolesivo para el sujeto pero conscientemente no mortal, en tanto que el intento de suicidio es entendido como un suicidio fallido. En este sentido, el parasuicidio es equivalente al concepto de "gesto suicida" que utilizan otros teóricos.

Farberow (1980) acuña los conceptos de conducta autodestructiva directa (CAD) y conducta autodestructiva indirecta (CAI); en la primera se aglutinan todas aquellas que suponen una conducta autolítica consciente e intencionada, se busque o no la muerte. Las CAI integrarían todas las conductas que Shneidman (1985) clasificó como "subintencionadas" para identificar aquellas muertes en las que el sujeto inconscientemente influye para acelerar su muerte. Con la clasificación del CAI no sólo se intenta dar respuesta a trastornos como la anorexia, la conducta de interrumpir la medicación prescrita en una enfermedad, la drogodependencia o la alcoholemia, sino incluso de deportes que implican riesgos, el consumo de tabaco y algunas otras prácticas de la vida cotidiana.

Se diferencian de las CAD en dos cosas fundamentalmente: en la temporalidad de la conducta y en la falta de conciencia de los efectos autodestructivos en las CAI, en las que además existe una racionalización; su comienzo es gradual aunque la muerte aparezca bruscamente; es raro la posibilidad del diálogo, en tanto que en la CAD aparece como demanda de ayuda.

Los intentos por clasificar la conducta suicida han sido variados y numerosos, cada clasificación se basa en aspectos distintos, la dificultad principal podría estar en dos aspectos: el primero, por las múltiples disciplinas que han abordado el problema del suicidio, entre las que se pueden enumerar sociología, antropología, psicología, filosofía, medicina, etcétera. Y segunda, la diversidad teórico-conceptual como se aborda desde una misma disciplina.

Estas diversas formas de clasificar la conducta suicida se pueden agrupar de acuerdo con Ellis (1988) en: la dimensión descriptiva, la dimensión situacional, la categoría psicológico-conductual y la teleológica. Y para conocer más objetivamente un acto suicida hay que tener en cuenta los aspectos de letalidad, certeza, intencionalidad, circunstancias atenuantes y método lesivo utilizado por Pokorny (1986).

El fenómeno del suicidio tiene siglos de estar presente en el contexto del hombre; no es sino hasta el siglo XIX cuando se elaboran las primeras teorías que intentan explicar con cierto rigor científico la conducta suicida; en términos generales se puede decir que son dos las vertientes tradicionales en que se inscriben las explicaciones del suicidio: la social y la individual. La primera explica la conducta autodestructiva desde la influencia de los factores sociales en la persona. En la segunda se encuentran fundamentalmente, las explicaciones de la psiquiatría, la psicología y el psicoanálisis, que utilizan de manera privilegiada el estudio de casos. Una tercera propuesta está dada por el diseño de modelos multidimensionales que intentan integrar tanto lo individual como lo social y rebasar el carácter reduccionista explicativo.

Un breve bosquejo nos muestra cómo el suicidio, aparte de constituir un gran enigma para la sociedad, plantea dilemas y dicotomías filosóficas, sociales, psicológicas, religiosas, culturales y económicas respecto a los años de vida productiva perdidos en el suicidio consumado o por los costos de la atención en postvención en los casos de tentativa suicida, etcétera. El suicidio es un fenómeno de múltiples interpretaciones y lo multifactorial en términos asociados a la explicación de la causalidad transita desde lo neurológico hasta lo sociológico, sin dejar lo transcultural; esta diversidad dificulta el diseño consensuado de programas tanto para la intervención como para la prevención.

Luego de reconocer la diversidad de los conceptos o clasificaciones, partiremos de un modelo descriptivo de las entidades o factores que considero juegan un papel importante en la dinámica del suicidio (el modelo se irá desarrollando desde la figura 1). Se parte de aceptar que el fenómeno del suicidio tiene tres grandes estadios: suicidio consumado, tentativa suicida e ideación suicida, los cuales pueden darse secuenciados o aisladamente; en algunas circunstancias se pasa de la ideación suicida al acto, en otras ocurre el acto sin mediar ideación. Estas tres posibilidades están permeadas por un contexto social (sujeto social) y por un contexto individual (Yo personal), un "Yo" que evalúa y toma decisiones (Figura 1) salvo en el caso de un estado psicótico o una conducta suicida derivada de un acto impulsivo, condición en la que la evaluación de las circunstancias y el acto de "decisión" debe evaluarse e interpretarse desde otra perspectiva.

En el contexto social interactúan e impactan de forma inmediata cuatro factores: los medios de información, los grupos de pares —integrados principalmente por amigos de su comunidad directa—, el contexto familiar directo y el contexto escolar o laboral. Estos cuatro elementos juegan un papel importante en la configuración de las representaciones sociales del suicidio; aunque este concepto requiere una explicación más extensa, lo simplifico diciendo que es el sentido común acerca del suici-

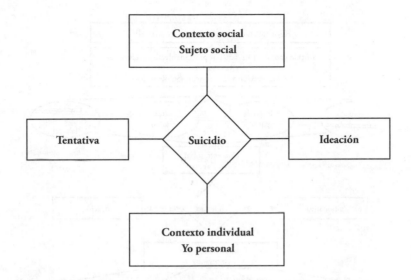

Figura 3.1

dio, integrado por creencias y valores desde los cuales se interpretan los
acontecimientos y se toman decisiones. Esta es una esfera dinámica de
construcciones y desconstrucciones de acuerdo con el grupo de edad,
grupo social de referencia y las recogniciones derivadas de la interacción
cotidiana con el *álter*.

En el contexto individual, hablamos de un sujeto que tiene un ser
biológico con el cual enfrenta su mundo circundante, si este cuerpo
es sano o enfermo, atlético o enclenque, frágil o adaptado, será o no
un recurso a su favor para afrontar conflictos. En tanto que en la esfera psicológica, se dan los procesos de sentir, de pensar y de hacer, de
tal manera que, los cuatro factores mencionados interactúan de forma
dinámica en los procesos de conciencia y autorreferencia para la toma
de decisiones; esta toma de decisiones podríamos "equipararla" a la estrategia de afrontamiento que le conduce hacia un proyecto de vida o
hacia un proyecto de muerte (Figura 2). A partir de este esquema se
desarrollan los puntos de intervención para la prevención.

De acuerdo con la figura 3, identificamos tres posibles momentos,
que pueden o no presentarse secuenciados, algunas personas que cometieron tentativa suicida no presentaron ideación, así como también
encontramos personas que han presentado ideación suicida sin llegar a
la tentativa.

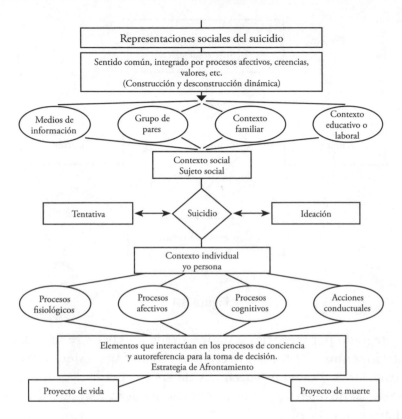

Figura 3.2

Cualquier programa de prevención del suicidio demostrará su eficiencia sí y sólo si baja la tasa de suicidio consumado. Se considera que un suicidio consumado afecta directa y de manera importante al menos a cinco o seis personas, por lo que se debe pensar en la generación de un programa general de intervención para la prevención del suicidio consumado y otro de intervención de postvención para la familia o amigo cercano.

El primer problema que enfrentamos es la detección de riesgo suicida, este primer encuentro se puede dar en la consulta médica, psicológica o psiquiátrica a través de la expresión explícita de ideación suicida, pero como no todos los sujetos en riesgo suicida lo expresan, es importante observar y preguntar sobre la presencia de ideación suicida en casos de: *a)* síntomas claros de riesgo suicida por impulsos suicidas o historial de conductas autolesivas; *b)* pacientes que consultan por síntomas somáticos o emocionales asociados a un alto grado de estrés o desesperanza y que solamente admiten la ideación si se les pregunta al respecto; *c)* personas que niegan todo tipo de ideación suicida pero que su comportamiento indica posibilidad de riesgo y que podrían presentarla más delante, y *d)* pacientes que solicitan atención tras un acto suicida o conducta autolesiva aparentemente no suicida.

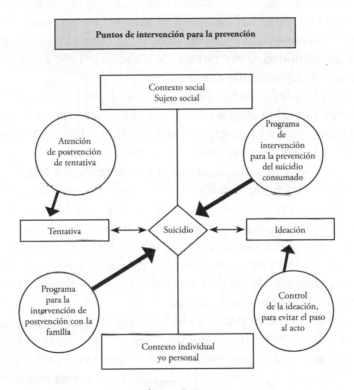

Figura 3.3

Si el paciente se presenta por ideación suicida se deberá atender como una emergencia psicológica y valorar los factores sociodemográficos de riesgo asociados con el paciente (*v.g.,* familia, estado civil, edad, género, situación laboral o de pérdida física o emocional. En ancianos: jubilación, aislamiento social, actitud hostil o peyorativa, competencia de las generaciones más jóvenes, pérdida del prestigio. En niños: estado de abandono, situación de maltrato, de abuso sexual, fracaso escolar, familia disfuncional, etcétera), no se debe tener ningún temor de preguntar sobre la ideación suicida, ya que preguntar no la induce, es más probable que favorezca la expresión al romper algunos estigmas y preocupaciones que pudiera tener el paciente. Si posterior a la exploración se establece la presencia de ideación suicida, deberá a continuación ponderar si la ideación es de tipo pasiva o activa; en este último caso, es importante preguntar sobre la planificación de los métodos concretos que ha pensado para quitarse la vida, generalmente el método con el que realmente han pensado hacerlo no lo cuentan o es el último en ser expresado, tener en cuenta la letalidad del método y el acceso a los recursos para hacerlo; 80% de los actos suicidas son en casa, 62% elige el método por la facilidad o accesibilidad, 23% por su efectividad y 12% es producto de la impulsividad (Quintanilla *et al.*, 2005).

Ante la posible inminencia del acto suicida, el profesional de la salud debe ponderar: *a)* la lógica suicida, es decir, qué tanto la realidad del paciente está enfocada, interpretada y mediada desde su perspectiva de suicidio; *b)* la información dada por el paciente sobre los motivos para no hacerlo y que se convierten en inhibidores; *c)* la familia como un interlocutor importante para el aplazamiento o impedimento de acto (ya que no siempre se logra), y *d)* evaluar si la atención es ambulatoria o requiere ser internado para un adecuado control y protección; en ausencia de familia es fundamental tener información de amigos con quien mantenga una línea de comunicación, ya que es a ellos a quienes suelen expresar su decisión de hacerlo o de haberlo hecho y, por lo tanto, iniciar la cadena de intervención de rescate.

La experiencia de la práctica clínica muestra que los familiares cercanos, al ser depositarios de los comentarios o ideación suicida de la víctima, entran en crisis al consumarse el acto y se convierten en candidatos a cometer suicidio. La intervención de postvención está orientada en caso de suicidio consumado a la atención del duelo para reducir el impacto traumático sobre la vida de los supervivientes, las acciones específicas se orientan para que acepten la realidad de la pérdida, trabajar sobre posibles sentimientos de culpa, emociones de pérdida y dolor psicológico, facilitar la adaptación de la familia a un medio en el que el fallecido está ausente y facilitar la reconstrucción de un proyecto alterno de vida. Esta debe ser una práctica obligada de apoyo incluso en los casos de tentativa suicida (haciendo los ajustes de intervención terapéutica), ya que con frecuencia quien no lo logra, lo intenta de nuevo, aproximadamente 50% de los pacientes que llegan a un centro de urgencia por tentativa suicida refieren que *no* es su primera tentativa (Quintanilla *et al.*, 2003), lo que muestra la falta de atención primaria e intervención de postvención.

Todo factor de riesgo identificado y ponderado se convierte en un factor protector a desarrollar en los programas de prevención. En el contexto social identificamos cuatro elementos que interactúan y son parte importante en el análisis del fenómeno suicida.

Los medios de información

En una sociedad como la nuestra en la que la población se acuesta y se levanta con la radio, la televisión o Internet, en donde el interlocutor se convierte en un sujeto de referencia, donde ocurren casos en los que la gente desarrolla tal empatía con los personajes de un melodrama, que no diferencia lo ficticio del melodrama con la vida real, tomando incluso como referente los valores expresados en estos programas; en el caso de las "noticias" en ocasiones sólo desinforman, ya que para ellos es más importante vender, que formar o generar conciencia; en donde Internet ofrece desde cómo suicidarse hasta un noviazgo virtual; es en esta sociedad en la que debemos propiciar un cambio en las formas de tratar y difundir la noticia del suicidio; la estadística y la historia dan cuenta de las modas de suicidarse a partir de la difusión de algunos tipos de suicidio, y por otra parte, muchos melodramas exhiben como parte de la trama, el suicidio como respuesta "apropiada" a sus problemas, por lo tanto, es aconsejable que los medios de información asuman la responsabilidad de lo que producen. Dada la importancia de este tema, desglosaré algunas recomendaciones y preceptos éticos al respecto.

La visión sobre la importancia del rol de los medios de comunicación con relación al suicidio cambia de país a país. Sin embargo, estudios en Austria, Canadá, Holanda, Reino Unido y Estados Unidos dan soporte a la idea de que si los medios actúan responsablemente minimizando las descripciones sobre el suicidio, existe una menor posibilidad de que se realicen por imitación.

Existe una variedad de sistemas de regulación designada para asegurar que los medios se adhieran a estándares que reflejen los valores culturales de la sociedad. A la vez, la mayoría de las instituciones de medios de comunicación tienen sus propios estilos, que le dan forma al contenido y dirección del material que producen. Por otro lado, usualmente los periodistas tienden a ignorar las propuestas y opiniones de fuentes que no sean de los medios.

El Instituto Hunter para la Salud Mental (2000; ONG en Australia), trabaja desde 1997 un proyecto para proveer a las universidades materiales sobre formas de reportar el suicidio. Estos materiales han sido ampliamente adoptados. Los materiales parten de cuatro principios: el suicidio no debe ser reportado a menos que sea del interés público; cuando se reporta un suicidio ha de ser con moderación; debe evitarse el reporte de los detalles de los métodos de suicidio; los reportes de suicidio en los medios deben hacer un intento de evitar que lo copien reportando con sensibilidad los problemas de salud mental involucrados.

La Organización Mundial de Salud (OMS) (2000) señala que la mayoría de los suicidios no son reportados por los medios, sólo los que generalmente involucran de manera particular a una persona, método o lugar. En sus Recursos para profesionales de los medios señala: "clínicos e investigadores reconocen que no son las noticias de suicidios *per se*, sino ciertos tipos de coberturas de las noticias, que incrementan las conductas suicidas en poblaciones vulnerables". Por otro lado, ciertos tipos de coberturas pueden ayudar a prevenir la imitación de conductas suicidas. Sin embargo, siempre existe la posibilidad de que la publicación del suicidio promueva la idea de que el suicidio sea "normal". Coberturas continuas y repetitivas sobre suicidio tienden a inducir y promover ideaciones suicidas, particularmente entre adolescentes y jóvenes adultos.

Guía de la OMS para reportar suicidios

a. Deben evitarse coberturas sensacionalistas sobre suicidios, particularmente si se involucra a una celebridad. La cobertura debe tener la menor extensión posible. Debe mencionarse cualquier problema de salud mental que la celebridad tuviera. Deben evitarse fotografías del cadáver, método y escena del suicido. La primera plana nunca es el lugar ideal para reportajes sobre suicidio.

b. Deben evitarse descripciones detalladas del método usado y de su preparación. Estudios muestran que las coberturas sobre suicidio tienen mayor impacto en la adopción de métodos que en la frecuencia de los suicidios.

c. El suicidio no debe reportarse como algo inexplicable o de manera simplista. Mencionar la variedad de factores que contribuyeron al suicidio puede ser de ayuda.

d. El suicidio no debe ser presentado como un método de afrontamientos o respuesta adecuada a problemas personales, tales como bancarrota, reprobar exámenes, embarazo no deseado o abuso sexual.

e. Los reportes deben tomar en cuenta el impacto del suicidio en los familiares en términos del estigma y el sufrimiento psicológico.

f. Glorificar a las víctimas de suicidios como mártires y objetos de adulación pública puede sugerirle a personas susceptibles que su sociedad brinda honores a la conducta suicida. En su lugar, el énfasis debe dirigirse a expresar la pena de muerte de la persona.

g. Describir las consecuencias físicas de intentos suicidas, como daño cerebral o parálisis, pueden desmotivar intentos suicidas, actuando así de manera preventiva.

Algunas conclusiones de una revisión de 90 estudios sobre el impacto de los medios de comunicación y suicidio en 20 países, realizado por Kathryn Williams y Keith Hawton del Centro para el Estudio del Suicidio, del Departamento de Psiquiatría de la Universidad de Oxford, son:

a. Manejar el suicidio como un misterio es erróneo.

b. Acercamientos responsables sobre las conductas suicidas en los medios pueden servir de prevención, restringir el reporte de los métodos reduce significativamente la muerte por los mismos; en contraste, brindar información acerca del peligro de varios métodos de suicidios puede mandar el mensaje que dichos métodos son efectivos.

c. Resaltar factores de riesgo y proveer números telefónicos de líneas de atención en crisis puede tener efectos positivos, motivando a las personas a buscar ayuda.

d. Existe un gran potencial en comunicar mensajes positivos, como que hay ayuda para las personas con crisis suicidas y tratamientos para trastornos mentales.

e. La presentación de noticias sobre suicidio, incluso las presentaciones en telenovelas puede llevar a la imitación de la conducta suicida. Especialmente si se reportan los métodos, si se hace de forma repetitiva, si son de celebridades, o si existe alguna identificación con la víctima (sexo, edad, nacionalidad, etcétera). Personas jóvenes y ancianas parecen ser más vulnerables que los de mediana edad.

Lo anterior orienta como lineamiento para un manejo adecuado de los reportajes sobre suicidio. Esto funciona de manera preventiva, pero no garantiza la eliminación de la imitación en el uso de métodos y frecuencia del suicidio como resolución de problemas, ya que, siguiendo el modelo constructivista, se destaca la construcción de significados por parte de los sujetos receptores con base en los contenidos de los medios masivos de comunicación, donde cada sujeto reconstruye en su interior lo que observa en los medios de acuerdo con su propia lectura y, por lo tanto, los efectos de los medios son distintos para cada individuo.

Grupos de pares

Existen tres grandes espacios en los que existe cierta relación entre el tipo de residencia y las actividades de sus habitantes; el primer escenario corresponde más a la comunidad, barrio o área de residencia en la que generalmente se desarrollan múltiples actividades programadas por instituciones sociales, existen clínicas de salud, áreas deportivas o recreativas que hacen de dicha colectividad una unidad integrada a sus habitantes. Un segundo tipo de zona residencial, en la que sus habitantes desarrollan muchas de sus actividades fuera de su entorno residencial, como el club, el ateneo, etcétera. Y un tercer tipo, que comparte un tanto de ambas.

El punto de referencia sobre el que se entiende esta interactividad es sobre el paradigma de que los problemas se desarrollan por la interacción entre personas y circunstancias en un proceso acumulativo dialéctico, ya que no hay linealidad en la expresión de síntomas o problemas, no existe la unicausalidad en el fenómeno suicida, lo que identificamos y el sujeto expresa como "causa" es el factor precipitante o desencadenante y éste se percibe diferente desde la óptica de ser mujer o varón, en las mujeres una ruptura amorosa, una agresión de su pareja o novio, un disgusto familiar, una pérdida o abandono tienen mayor impacto que en los varones, en tanto que a estos últimos les afectan más los problemas económicos, las enfermedades mentales, situaciones de remordimientos y las asociadas al consumo de drogas y alcohol (Quintanilla, en prensa).

Lo esencial de la prevención es anticipar el desarrollo y el proceso que lleva a los problemas, actuando sobre los factores que intervienen y en todo caso la resultante del proceso, es decir, la respuesta que el sujeto emite (estrategia de afrontamiento) ante el problema. La importancia del concepto de pares está en que nos relacionamos con "nuestros iguales", con el *álter*, y con ellos comunicamos expectativas, temores, desesperanzas, comunicamos nuestra forma de ver e interpretar el mundo y los acontecimientos, en este diálogo pueden generarse los procesos de recognición cuando el "otro" propone una forma alterna de respuesta a los procesos vitales adversos.

Existen dos escenarios, en los que sus miembros de alguna manera son cautivos: el grupo laboral y el grupo escolar, estos escenarios permiten cierta facilidad para instrumentar algunos programas de prevención, pero el gran reto es la intervención con los grupos de la comunidad que están fuera de estos espacios y que, por lo tanto, no reciben los beneficios de los programas escolares o labores de prevención específica para eliminar o aliviar los factores que aumentan directamente la posibilidad de suicidarse. La posibilidad de intervención es mediante un modelo de desarrollo de intervención comunitaria por los sectores oficiales, religiosos y ONG's que oriente principalmente a los jóvenes en estrategias para afrontar situaciones vitales y apoyo en la adversidad.

En el ámbito de la prevención del suicidio, la terapia dialéctica conductual encuentra su campo de acción en el área social, específicamente en el contexto educativo o laboral, ya que principalmente se trabaja con grupos. En estos contextos puede identificarse a los sujetos con ideación o tentativa suicida mediante la detección por los *gatekeepers* (cuidadores entrenados) y derivarlos para que reciban atención en las instituciones educativas, laborales o entornos de la comunidad según sea el caso. La terapia dialéctica conductual tiene una gran relevancia en la prevención del suicidio, ya que además de enmarcarse en el contexto social (sujeto social), trabaja a su vez con todas las áreas del contexto individual (yo personal), puesto que se enfoca en el aprendizaje de habilidades en donde exista algún déficit, sea psicológico, afectivo, cognoscitivo o conductual, contribuyendo así a que el sujeto tenga mayores y mejores capacidades para interactuar socialmente, regular sus emociones, tener mayor tolerancia a la frustración, inhibir conductas que aunque brinden alivio momentáneo crean problemas a largo plazo, a estar conciente de los estados internos y su relación con el ambiente, y a ser menos crítico; todo lo cual lleva hacia una variedad de resultados de salud mental positiva.

Lo anterior es consecuencia del uso de diferentes estrategias en la terapia dialéctica conductual como: estrategias de cambio (resolución de problemas), de aceptación y estrategias dialécticas, que integran a los otros dos tipos de estrategias, reduciéndose, según Shearin y Linehan (1992), de manera significativa las tentativas suicidas. Estas estrategias llevan al sujeto a cambiar su proyecto de muerte por un proyecto de vida ya que adquieren diversas habilidades que les sirven como estrategias de afrontamiento de su realidad, pudiendo aceptarla (mediante las estrategias de aceptación) y modificándola (mediante estrategias de resolución de problemas y toma de decisiones: evaluando la situación y actuando en consecuencia), esto en la medida de sus posibilidades, sin metas irreales que vayan en contra de su aceptación de la misma (utilizando las estrategias dialécticas de integración).

Contexto familiar

Los factores más importantes que deben tenerse en cuenta en la relación y dinámica familiar son: el primero es la existencia de una familia disfuncional, expresada por desorganización en el consenso de normas, falta de comunicación y hostilidad entre los miembros, riñas constantes, sentimiento de rechazo familiar, etcétera. Otro factor de alto riesgo son las situaciones de abuso sexual y violencia tanto física como psicológica hacia los integrantes y entre la pareja; un tercer factor es la existencia de enfermedades mentales y comportamientos suicidas dentro de la familia, en la que juegan un papel importante los episodios depresivos de la madre.

El gran problema que tenemos es: ¿cómo favorecer o entrenar para hacer de este espacio vital un espacio funcional? Reconocemos que la comunicación, la relación y el apoyo familiar son el mejor de los recursos para el crecimiento y para el soporte de la persona en momento de crisis, es la mejor de las redes sociales cuando es funcional, por lo que, ¿cuál es el momento o escenario más propicio para este entrenamiento? Considero que se debe trabajar con el concepto de "escuela para padres de familia", este debe ser un espacio de formación sobre el proceso de desarrollo y manejo adecuado de los conflictos que enfrenta el hijo en cada etapa, un espacio de crecimiento de los padres por las recogniciones a partir de las experiencias de los otros padres y el apoyo profesional de los equipos psicopedagógicos o de orientación educativa en los contextos escolares.

El programa participativo para padres de familia debe contener los siguientes rubros de trabajo:

- Habilidades sociales para comunicarse y establecer redes sociales.
- Evaluación y contrastación de estilos de crianza de los hijos (confrontado con su realidad, padres mexicanos).
- Proyecto de familia y proyecto de vida.
- Desarrollo de habilidades para identificar y resolver problemas.
- Libertad y autoestima con responsabilidad.
- Prevención o identificación de conductas adictivas y de riesgo para la salud mental.
- Salud e higiene mental.

Contexto educativo o laboral

Al parecer la escuela es el lugar común de asistencia, son pocas las personas o niños que no asistieron al menos a la educación primaria, por lo tanto será siempre un lugar privilegiado para los programas orientados a la promoción y educación para la salud (implica profesores formados y con adecuado manejo de emociones y conflictos).

La magnitud del problema es inversamente proporcional a la capacidad de respuesta de quien lo tiene; algunos problemas no son un vaso de agua sino una cubeta de agua en la que nada el niño, por lo que no existen problemas grandes por sí mismos; son relativos al contexto, sujeto y tiempo. Los factores de riesgo se presentan en tres escenarios:

a. Lo relacionado al rendimiento académico. Las expectativas de los padres son de un buen desempeño, de un hijo que nos les genere "problemas de conducta o de aprendizaje", cuando esto último ocurre, por lo general encontramos una relación de: a mayor fracaso académico igual a menor autoestima y mayor presión familiar, falta de motivación y pocas aspiraciones.

b. Relación con sus compañeros. Este es un espacio de desarrollo pero también de dificultades, en esta relación se da el aprendizaje de actitudes, valores e información acerca del mundo, se adquiere la habilidad de reconocer el punto de vista del otro y por la tanto se da la formación del Yo, de su identidad, del autocontrol. Se adquieren las habilidades sociales de ser parte del grupo, de la interlocución, de socializar y expresar sus puntos de vista y entender la de los demás; en los trabajos que hemos realizado sobre estrategias de afrontamiento en sujetos con tentativa suicida (Quintanilla *et al.*, 2004), hemos encontrado que la estrategia de solución de problemas y socialización es la menos utilizada, las personas no han desarrollado la habilidad de comunicar y por la tanto las recogniciones sobre su problemática son menos afortunadas, también es un lugar propicio para la inducción o uso ilegal de drogas y alcohol; inicio, manejo e identidad sexual; se establecen y consolidad redes sociales que pueden ser útiles para el apoyo en situaciones de estrés.

c. Relaciones con sus profesores. El profesor tiene que relacionarse con el modelo de estructura de interacción de los alumnos en clase y si ésta es de tipo cooperativa mejorará la autoestima de los alumnos, desarrollará conductas de cooperación y altruismo, así como una mejor integración social. Otro aspecto importante son las expectativas que el profesor desarrolla sobre sus alumnos (efecto pigmaleón).

Las actividades de prevención planeadas en el ámbito escolar deben organizarse en contenidos, actividades y seguimiento respecto a si es una población escolar de primaria, secundaria o bachillerato.

En la *escuela primaria* juega un papel fundamental la formación de los profesores para el fomento de conductas salutógenas, que se aborden de manera clara y natural los conceptos de muerte y suicidio respetando los niveles de abstracción del concepto,[1] que se platique de manera profesional sobre los casos de suicidio cuando ocurra alguno en la escuela, fomentar la comunicación y la actitud de comunicarse en el niño cuando tenga dificultades, hacer trabajo de promoción con los padres de familia.

En la *escuela secundaria*, se debe continuar con el trabajo de educación para la salud, abordar las conductas de riesgo como drogadicción,

---

[1] En un trabajo reciente (pendiente de publicación) sobre el concepto de muerte en menores, identificamos que hay diferencias significativas (en términos cualitativos) sobre el concepto de muerte: entre los cinco y seis años de edad el concepto es lábil e inestable, de siete a nueve años opera con seudoconceptos y se comienza a percibir la muerte como un proceso irreversible y universal, de 10 a 12, apera con conceptos y es capaz de aceptar su propia muerte y la de sus familiares, de 13 a 14 años el concepto esta completamente formado.

alcoholismo, etcétera. En esta etapa se dan grandes cambios, es la edad de mayor riesgo (15 a 19 años) y tener pensamiento suicidas reales o fantasiosos es común, pero no es lo favorable para el desarrollo, por lo que deben ser abordados por los profesores en el aula, para que no se conviertan en la única opción y real del adolescente. Desarrollar un programa permanente de información y educación sustentado en los profesores y la formación de *gatekeepers juniors* que estarán implicados en la detección de conductas de riesgo para ser comunicados al equipo de salud del centro escolar y que éste sea el responsable de derivar o atender los casos que se presenten.

En el *bachillerato* se mantiene el programa anterior, con el ajuste y adecuación del manejo a las conductas problema del adolescente de bachillerato; es en este espacio escolar en el que la formación profesionalizante de los *gatekeepers* es fundamental para la intervención en la escuela y en la comunidad, así como la acción desprofesionalizante del psicólogo, medico y psiquiatra permitan reproducir las acciones de prevención del suicidio. No olvidar que es más fácil que un adolescente le comunique a otro adolescente sus ideas de muerte o suicidio.

El escenario *laboral*. La importancia de este espacio está asociada a la alienación laboral, al desempleo laboral, al estrés laboral y al *moobing* (acoso laboral) como factores de alto riego suicida, la acción preventiva se debe centrar en incluir información para la prevención en los programas que se establecen desde la Secretaría del Trabajo como obligatorios. En el apartado sobre los pares se mencionó la importancia de un programa que oriente hacia la salud mental mediante el desarrollo de habilidades para la identificación y solución de problemas, manejo de emociones, de las relaciones humanas, formación de redes sociales y formación de *gatekeepers*. En síntesis, la prevención en lo social tiene que ver más con la prevención general e indirecta del suicidio (Figura 3.4).

El otro gran contexto que requiere atención es el *Yo, es la persona*, es el contexto de lo individual. Se puede simplificar diciendo que es lo físico y lo psicológico y, que ambos son recursos básicos para el afrontamiento. El recurso físico representado por su ser biológico, es decir, toda su estructura corporal que tiene que ver con la salud y la energía de la persona; un cuerpo débil, frágil, enfermizo o con "deformidades" estará en desventaja para afrontar de manera eficiente situaciones de estrés, en algunas situaciones es la enfermedad o el dolor crónico el factor determinante asociado a la decisión de quitarse la vida.

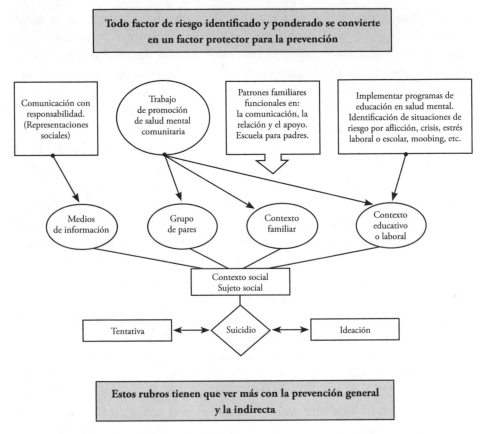

Figura 3.4

En el aspecto psicológico entran en juego tres instancias: los procesos afectivos, los procesos cognitivos y las acciones conductuales; es claro que cualquiera de estos tres influirá en los otros dos; un pensamiento se asocia con un sentimiento y genera una conducta (de acción o inanición). Las creencias derivadas de lo social y asentadas en lo individual se convierten en actitudes, aptitudes o habilidades tanto sociales como individuales para conseguir información, analizar situaciones, examinar alternativas, predecir posibles resultados y elegir un plan de acción.

Todos los elementos y circunstancias se conjugan y orientan a una toma de decisión final dada por un sujeto cognoscente y volitivo, esta decisión tiene que ver con el concepto de estrategias de afrontamiento, en trabajos previos (Quintanilla *et al.*, 2005) se ha identificado que el esfuerzo cognitivo conductual, que desarrolla principalmente el sujeto de tentativa suicida, está orientado a la emoción para buscar un alto grado de malestar o de bienestar (estrategia autoculpabilizante o fantasiosa) y sólo 8% busca identificar y solucionar el problema, aunque puede, de manera simultánea, orientar más de una estrategia con predominancia de una. Un elemento de alta relevancia en la estrategia utilizada es *locus de control*, es decir, la percepción que tiene el sujeto de la controlabilidad del estresor amenazante. Los programas de intervención que se de-sarrollen encontrarán su expresión final en este acto individual y volitivo de una persona, en un acto de decidir si la vida vale o no vale la pena vivirla. Es la estrategia de afrontamiento de un individuo y su contexto, de una personalidad concreta inmersa en una cultura, asociada a una historia general y una historia familiar (Figura 3. 5).

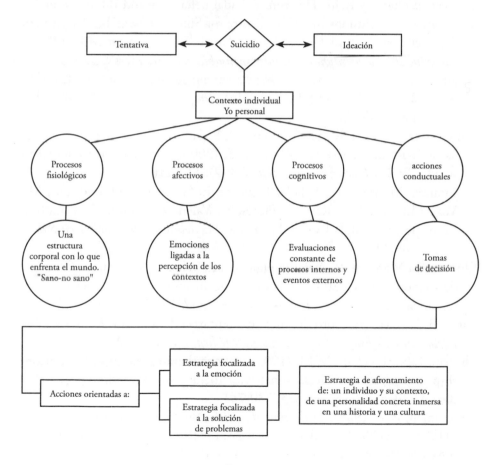

Figura 3.5

Bibliografía

Clemente, M., y González, A. (1996). *Suicidio una alternativa social*. Madrid: Biblioteca Nueva S.L.

Ellis, T.E. (1988). Classification of suicide behavior: A review and step toward integration. *Suicide and life-threatening behavior, 18*, 4, 358-371.

Farberow N.L. (1980). *The many faces of suicide: indirect self-destructive behavior*. Nueva York: McGraw Hill.

Gamboa, H. (1998). *Redes*. Nayarit: La Rosa Blindada.

Hunter Institute of Mental Health, University of Newcastle, Australia (2000). Fact or fiction? Reporting Mental Illness and Suicide. *Resources for Journalism Education*.

Kathryn Williams y Keith Hawton. Suicidal behaviour and the mass media. Summary conclusions by of the Centre for Suicide Research, Department of Psychiatry, Oxford University. En Norris Bill, Jempson Mike (2001). *Covering suicide wordwide: media responsabilities*. The PressWise Trust.

Pokorny, A.D. (1986). A scheme for classifying suicidal behaviors. En A.T., Beck, H.L. Resnik, y D.J. Lettieri (eds.). *The prediction of suicide*. Philadelphia: The Charles Press.

Quintanilla Montoya, R., Haro Jiménez, L.P., Flores Villavicencio, M.E., Celis de la Rosa, A., Valencia Abundiz, S. (2003). Desesperanza y tentativa sucida. *Revista Investigación en Salud. V*(2), 113-116.

Quintanilla Montoya, R., Valadez Figueroa, I., González de Mendoza, J.M., Vega Miranda, J.C., Ramírez Flores, S., Valencia Abundiz, L.E. (2005). Tipos de personalidad y conducta suicida. *Revista Investigación en Salud. VI*(2), 109-113.

Quintanilla Montoya, R., Valadez Figueroa, I., Valencia Abundiz, S. González de Mendoza, J.M. (2005). Estrategias de afrontamiento en pacientes con tentativa suicida. *Revista Investigación en Salud. VII*(2), 112-116.

Sarro, B. (1984). Concepto de suicidio y tentativa de suicidio. *Revista del Departamento de Psiquiatría y Psicología Médica, XVI*(8), 512-516.

Shearin, E.N., Linehan, M.M. (1992). Patient-therapist ratings and relationship to progress in dialectical behavior therapy for borderline personality disorder. Behavior therapy, 23, 730-741.

Shneidman, E.S. (1985). *Definition of suicide*. Nueva York: Wiley.

—— (1973). Suicide. En Villardón Gallego, L. (1993). *El pensamiento de suicidio en la adolescencia*. Bilbao: Universidad de Deusto.

Villardón Gallego, L. (1993). *El pensamiento de suicidio en la adolescencia*.

Bilbao: Universidad de Deusto.

World Health Organization (2000). *Preventing suicide: A resource for media professionals.* Ginebra: OMS.

CAPÍTULO 4

Suicidio y psicoterapia[1]

Isabel Stange Espínola *

Todo terapeuta puede tener que trabajar con personas que tienen ideas suicidas, fantasías suicidas o que han intentado suicidarse; también es posible que acudan a su consultorio familiares de una persona que se ha suicidado. La orientación que dé a su trabajo terapéutico estará determinada por la concepción que tenga del suicidio y la perspectiva teórica que al respecto haya adoptado, así como por el enfoque terapéutico en el cual se haya formado y con el cual trabajará con el usuario o cliente. Es en este sentido que O'Hanlon (2001) señala:

> Creo que los terapeutas seleccionan los problemas que perciben de entre muchas opciones posibles y que después, de una manera consciente o inconsciente, convencen a sus clientes de la validez de su evaluación. Este fenómeno, al que llamo contra-transferencia de teorías, es la razón de que siga intentando alertar a los terapeutas de que sus expectativas influyen en lo que obtienen durante la terapia. Aunque esto es imposible de evitar, existe una manera de estar abierto a la influencia que los clientes pueden ejercer sobre nosotros como terapeutas. En lugar de escuchar nuestras teorías podemos escucharles a ellos (p. 81).

Intentando comprender al suicida

En un taller acerca del suicidio se presentó esta imagen, que fue tomada de Internet (www.espectral.com) y se les pidió que en equipos de cinco

---

[1]   El presente trabajo forma parte de un proyecto de investigación desarrollado por el cuerpo académico "Psicología Clínica" de la Facultad de Psicología de la Benemérita Universidad Autónoma de Puebla (UAP).

*   Profesora-investigadora de tiempo completo de la Facultad de Psicología de la UAP y directora y terapeuta titular del Centro Clínico de Psicología (CECLIPSI) de la misma.

la observaran y señalaran qué veían. Las respuestas fueron comentadas y causó sorpresa el ver que en una imagen fija se podían observan cosas tan diversas; entre las respuestas que dieron, la totalidad vio la pareja a la orilla de un lago, algunos señalaron los árboles al otro lado del lago, otros el árbol que estaba cercano a la pareja, un grupo más reducido la imagen de un bebé, otros un corazón, rocas cercanas a la pareja, etcétera. Algo similar ocurrió con las restantes imágenes que se proyectaron. Se estableció la relación con un cliente que solicita una consulta terapéutica y se llegó a la conclusión de que probablemente ocurriría algo similar, los equipos de terapeutas distinguirían aquellos aspectos que mejor se ajustaran a lo que esperaban encontrar.

Una gran cantidad de trabajos psicoterapéuticos e investigaciones en torno al suicidio se han orientado a identificar las causas que pueden llevar a una persona a tomar esta decisión más que a desarrollar habilidades del cliente para identificar sus recursos y potencialidades que le permitirán enfrentar de manera exitosa la situación que está viviendo y dejar de considerar el suicidio como una alternativa válida de solución.

El suicidio es un fenómeno multidimensional, complejo y multicausal. Las diversas teorías que han surgido para explicar este fenómeno desde el ámbito sociológico, médico, psiquiátrico, psicológico o las diversas combinaciones que de ellos se derivan en una interdisciplinariedad, no han resultado suficientes ni adecuadas para abordar la complejidad de las características de los suicidas. Si bien un enfoque integral que considere tanto los aspectos sociales e individuales, como lo señala Villardón (1993) en su modelo socioindividual, es un buen intento por encontrar un elemento común en los suicidas y en las personas con ideas suicidas, no es suficiente; consideramos que el ser humano es multicausal, de una complejidad extrema, por lo que los intentos de etiquetarlo o encasillarlo son ejercicios de carácter metodológico que no pueden ser aplicados a la realidad.

Si bien los intentos de relacionar conducta suicida y autoconcepto, conducta suicida y estrés, conducta suicida y depresión o conducta suicida y trastorno bipolar, permiten explicar algunos intentos suicidas o suicidios, no permiten entender por qué muchas personas diagnosticadas con trastorno bipolar, depresión severa, alto nivel de estrés o muy bajo concepto, no desarrollan pensamientos suicidas o no han intentado suicidarse.

Algo similar ocurre con las investigaciones orientadas a buscar causas. Se espera encontrar un motivo a través de cartas y entrevistas con familiares o amigos y se intenta identificar algún elemento común en los suicidas, pero probablemente las motivaciones sean múltiples dependiendo de cada sujeto e incluso, en un mismo sujeto, se obtendrá información diferente de acuerdo con la percepción que en ese momento tenga de la situación. Sin embargo, en el aspecto en que se ha avanzado de manera más sistemática es en las señales que el suicida va entregando al medio en el cual se desenvuelve y que generalmente pasan desapercibidas para las personas más cercanas (Chávez, Pérez, Macías y Páramo, 2004; García, 2006; Villardón, 1993).

Cuando el cliente con ideas o intentos suicidas llega a consulta, en general el terapeuta busca, a través de una serie de preguntas, encontrar el motivo o las causas por las cuales la persona ha permitido que esas ideas vayan surgiendo en su mente, qué ha ocasionado un cambio en el sentido de vida, qué traumas del pasado o en el presente pueden estar influyendo, qué déficit o incapacidad tiene el cliente en ese momento, qué problemas subyacentes está encubriendo.

Esta serie de preguntas tiende a generar mayor angustia en la persona, al tratar de precisar qué es lo que está ocurriendo en su interior, al intentar identificar la causa de su estado como si a cada pensamiento o conducta correspondiera una sola causa y al identificarla con el problema se solucionara de manera inmediata. Intentar responder a las preguntas del terapeuta incrementa su sensación de inseguridad y caos, ¡no puede contestar a unas simples preguntas!

Sullivan y Everstine (2000) proponen entender el suicidio en un contexto interaccional, al señalar que el suicida atraviesa las siguientes etapas: "*1)* desea la muerte de otra persona; *2)* se ve impedido de hacer realidad este deseo; *3)* 'mata' al sobreviviente por medio de la eficaz técnica de matarse. El sobreviviente se ve forzado a seguir viviendo y su vida quedará marcada para siempre". Señalan que en el trabajo terapéutico es necesario identificar la posible víctima del suicida en potencia, a quién va dirigido el mensaje de muerte.

Si bien pueden presentarse situaciones en las cuales como producto de la interacción disfuncional y de una percepción equivocada de la situación una persona puede responsabilizar a otra de su muerte, no es adecuado tomarlo como norma general para todo suicidio. Es necesario considerar las características de cada persona que acude al trabajo terapéutico, escucharla, permitirle que exprese lo que está viviendo en lugar de trabajar buscando culpables. Más que buscar que el terapeuta encuentre respuestas a todas sus preguntas, el objetivo es que la persona encuentre un espacio dónde poder expresarse libremente sin sentirse enjuiciado y posteriormente, en conjunto con el terapeuta, poder ir poniendo orden a sus ideas de manera paulatina, sin presiones. Se requiere trabajar en la identificación y desarrollo de los recursos del sujeto, más que en ir hacia atrás en el tiempo buscando situaciones o personas responsables de las fantasías, pensamientos o intentos suicidas, lo adecuado es dirigir el trabajo terapéutico hacia la búsqueda de soluciones y una vez que la persona haya superado ese periodo de crisis, que haya cambiado su percepción acerca de la vida y la muerte, que restablezca el control de sus decisiones, si lo requiere se puede trabajar en la búsqueda de las causas que iniciaron el problema con nuevos recursos desarrollados por ella misma, e identificar nuevas soluciones ante viejos problemas, las cuales también serán elaboradas por ella.

Trabajando con mitos

Se puede identificar diversos mitos en torno al suicidio y el terapeuta no está exento a la influencia de estas afirmaciones falsas que socialmente son aceptadas. A medida que han avanzado las investigaciones acerca del suicidio y se ha difundido la experiencia del trabajo psicoterapéutico, muchos de estos mitos se han venido abajo, pero otros continúan vigentes y es necesario ir cuestionándolos.

Uno de los temores más frecuentes es si preguntar por las ideas de suicidio a una persona puede darle ideas que no se le habían ocurrido y que con ello se puede incrementar el riesgo de suicidio. Independientemente de la manera en que se pueda realizar esta pregunta, generalmente provoca un alivio en la persona al poder hablar libremente.

Durante un tiempo se consideraba, incluso dentro del campo terapéutico, que las ideas suicidas o los suicidios no consumados eran un esfuerzo conciente o no de la persona por llamar la atención de una o varias personas de su medio ambiente; en la actualidad existe consenso en que debe prestarse atención a cualquier expresión de la persona que nos pueda indicar que esté pensando en suicidarse. Múltiples son las referencias de personas que se han despedido de familiares o amigos, los cuales no tomaron la situación en serio.

Hacer un pacto de no suicidio no es una garantía de que no lo va a hacer. Sin embargo, si bien es cierto que hacer prometer a la persona que no se va a suicidar resulta insuficiente para mantenerla con vida, si esto va acompañado de un trabajo orientado a identificar ideas racionales e irracionales acerca de la situación que está viviendo y del desarrollo de los recursos para enfrentar la situación, considerando las particularidades de cada persona, se puede lograr que la promesa se cumpla. Por otro lado, dado que el suicida potencial tiene en los momentos de crisis una percepción diferente acerca de las cosas, no se obtienen mayores resultados hablándole acerca de lo hermosa que es la vida y las múltiples posibilidades que ofrece, porque en lugar de ayudarle eso le confundirá incrementando su sensación de ser incomprendido.

Uno de los mitos más fuertes y riesgosos es suponer que la persona que ha cometido un intento de suicidio no va a cometer otro. Si la persona intentó suicidarse una vez y no ha resuelto la crisis que está viviendo o no ha recibido apoyo adecuado de un profesional, se incrementa el riesgo de manera considerable de que lo intente nuevamente y con mayor probabilidad de lograrlo, y más aún si el propio terapeuta asume que el suicida fallido no reincidirá.

Empleando instrumentos de evaluación

Existen múltiples pruebas que buscan identificar ideas suicidas, sensaciones de desesperanza, autoconcepto negativo, depresión o esquizofrenia, entre otros aspectos, pero están orientadas a establecer parámetros hacia la patología, la persona es un elemento más en la evaluación, puede enfrentarse a las pruebas con indiferencia o temor, puede recibir información o no acerca de los resultados; finalmente la idea que subyace es la misma: está en manos de un experto y él como persona es poco lo que puede hacer para ayudarse a sí mismo. O'Hanlon (2001, p. 207) señala que el trabajo de psicoterapia tendría que ser entre dos expertos, un experto en sí mismo, en lo que ocurre en su interior, en sus pensamientos, sensaciones, emociones y en su conducta, y un experto en psicoterapia a partir de conocimientos específicos: "el terapeuta es el experto en crear un clima interactivo y conversacional que facilite el cambio y la obtención de resultados".

Plantea también que en general los diversos enfoques terapéuticos asumen equivocadamente la noción "… de que el experto es el terapeuta y de que el cliente no sabe nada de cuestiones psicológicas o emocionales. El terapeuta no sólo es quien mejor sabe resolver los problemas del cliente: también es quien mejor sabe qué ocurre realmente en su interior" (p. 207). De acuerdo con la terapia de posibilidades que centra el trabajo en dos expertos, hemos desarrollado una forma de evaluación que puede emplearse por ambos de manera simultánea para orientar el trabajo, y que presentamos a continuación.

Los instrumentos que hemos observado que son de utilidad en el trabajo con pacientes suicidas son el genograma o familiograma y una adaptación del mandala y del test del árbol de Kosch (1962), ya que son elaborados en conjunto terapeuta-usuario, se pueden analizar en ese momento de consulta, no hay parámetros de comparación más que la propia persona, y se enfatiza qué es lo que se observa en ese momento pero que puede ser modificado; no son un estigma ni clasificación estática, sino simplemente son una mejor forma de conocer lo que se está viviendo, de ordenar algunas cosas. Lo central es escuchar a la persona, que pueda hablar de sí, así como el trabajo en conjunto orientado hacia el desarrollo de posibilidades.

A continuación, empleando el trabajo utilizado con una usuaria con intentos de suicidio, describiremos brevemente en qué consiste cada uno de los instrumentos, no sin antes señalar que se requiere conocerlos con detalle antes de comenzar a aplicarlos.

Genograma o familiograma

El genograma o familiograma se ha empleado con frecuencia en psicología, principalmente por los terapeutas de afiliación sistémica; algunos de los autores que han trabajado en esto han sido McGoldrick y Gerson (1987), ellos lo describen como "un formato para dibujar un árbol familiar que registra información sobre los miembros de una familia y sus relaciones durante por lo menos tres generaciones".

En este caso el genograma es empleado para sistematizar la información acerca del sistema familiar, identificando a los integrantes y el ciclo de vida individual y familiar que están viviendo; se especifican las formas de interacción y pautas de comportamiento a través de las generaciones y los problemas biológicos, psicológicos y sociales que la familia ha enfrentado y está enfrentando en esos momentos, de la misma forma se identifican los principales recursos personales y familiares en los cuales es posible apoyarse para realizar el cambio requerido.

Angélica es quien solicita consulta, se lo sugiere su hermana porque la ve muy mal. Tiene treinta años de edad y seis de casada, ha pensado de manera constante en el suicidio, le asusta lo que pueda ocurrir con sus hijos una vez que ella muera. Fue diagnosticada con depresión severa por el ginecólogo después del parto de su última hija, se le prescribieron medicamentos, los cuales consume de manera esporádica por falta de dinero. Ella dejó de trabajar al casarse, para dedicarse a cuidar a los hijos, por lo que el ingreso familiar lo aporta el marido que trabaja por cuenta propia.

Mandala

En psicología Carl Jung y Virginia Satir han empleado desde diversas perspectivas el concepto de *mandala*. La palabra *mandala* significa en sánscrito círculo o centro, es un dibujo que tiene tres características básicas: el centro, la orientación y la simetría.

El centro es utilizado como punto de partida, como origen de todo, desde allí se deriva toda una estructura; a través de la orientación se con-

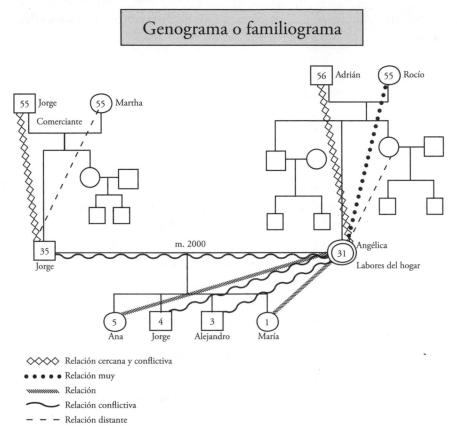

Figura 4.1

sidera que se representan los cuatro puntos cardinales, la ubicación ante el mundo, y, finalmente, con la simetría en el trazado se busca que cada uno de los aspectos representados sea idéntico a los otros, lo que apunta a la búsqueda del equilibrio o la armonía.

Es posible encontrar mandalas en múltiples cosas de la naturaleza, como por ejemplo si se cortan adecuadamente frutas o verduras, en las flores o en algunos animales marinos como las medusas o las *Mellita quinquiesperforata* (galleta o dólar de mar). Los diseños de mandalas se encuentran tanto en expresiones religiosas como en manifestaciones artísticas de muy diversas culturas y a través de todas las épocas.

En el ámbito de la psicología, Carl Jung estudia el *mandala* y lo ubica como un aspecto central en sus investigaciones, con relación al *mandala*, escribe:

...tan sólo paulatinamente me fui dando cuenta de aquello que es propiamente el Mandala: formación-transformación del eterno sentido, del eterno mantenimiento. Y esto es el Selbst, el 'sí mismo', la totalidad de la personalidad, armónica cuando todo marcha bien, pero no tolera autoengaño alguno. Mis imágenes mandálicas eran criptogramas relativos al estado de mí mismo (Carl Jung, tomado de Von Franz, 1982, p. 125).

Satir y Baldwin (1995, p. 165) también emplean el *mandala*, señalando que "es el centro de todo individuo, el 'yo' es el ser mismo en el centro de una *mandala*. Este símbolo gráfico consiste en ocho elementos o niveles distintos que interactúan entre sí y ejercen una influencia constante en el bienestar de un individuo".

Esos autores señalan ocho elementos que están interrelacionados y que influyen constantemente en el bienestar y estabilidad del individuo. Estos elementos son: físico, intelectual, emocional, sensorial, interactuante, nutricional, contextual y espiritual.

El *mandala* o rueda de la vida que hemos empleado también comprende ocho elementos: armonía exterior, diversión, armonía interior, trabajo, diversión, amigos, familia, amor. La persona tiene que evaluar en una escala de 0 (puntuación mínima, en el centro) a 10 (puntuación máxima, en el borde del círculo) cómo valora su situación actual en cada uno de los aspectos mencionados. La denominación de rueda de la vida ayuda a entender de manera metafórica la forma en que se está enfrentando la vida en esos momentos, de manera armónica o dando saltos cuando está muy desbalanceada o con muy bajas puntuaciones.

En este caso en particular, la persona comenta que lo primero que le gustaría cambiar es conseguir un trabajo, señala que cualquier decisión que tome está relacionada con obtener un ingreso independiente, para ello cuenta con el apoyo de su mamá que le llevaría los niños a la guardería.

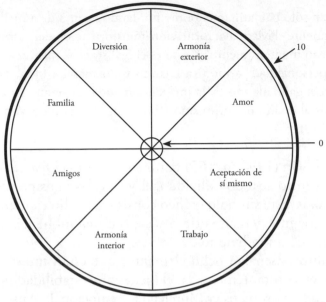

Figura 4.2

La aplicación del *mandala* a Angélica arrojó el siguiente resultado:

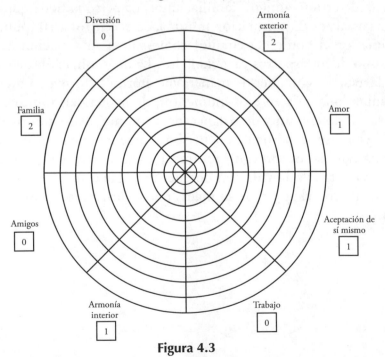

Figura 4.3

Test del árbol

La sistematización del dibujo de un árbol de Karl Koch tiene su origen en los trabajos de Emil Jucker, de quien surgió "la idea de utilizar el dibujo de árboles como medio auxiliar psicodiagnóstico" (Koch, 1962, p. 22). El dibujo del árbol puede trabajarse con personas de diferentes edades y con muy diverso nivel educativo. Es un instrumento muy útil porque requiere pocos elementos para realizarlo (una hoja en blanco, un lápiz y goma de borrar) y las instrucciones son sencillas: que dibuje un árbol, el que más le agrade. A diferencia de lo planteado por Koch, de solicitar a la persona que realice primero un dibujo de árbol frutal (que representará su vida interior, sus traumas, sus recuerdos, su forma de relacionarse) y luego en otra hoja que dibuje otros tres árboles diferentes al primero (un árbol representará al sujeto, el segundo a la familia y el tercero el mundo exterior), solicitamos que la persona dibuje un solo árbol y dividimos en raíz, tronco, ramas o follaje, donde la raíz representa los recursos con los que cuenta el sujeto, el pasado; el tronco representa el presente, lo que está viviendo, y las ramas o follajes representan el futuro.

Posteriormente, se le pide a la persona que señale qué le sugiere ese árbol, qué significa para ella, y se hace un análisis conjunto basándose principalmente en los lineamientos de Koch. La dirección de la hoja cuando realiza el dibujo (se le pasa de manera vertical), la utilización del espacio, el tamaño del dibujo, las proporciones, las características de los trazos, etcétera. Y se trabaja con relación a sí mismo, no hay cosas buenas o malas, simplemente es un dibujo realizado en un momento.

Todas estas formas de evaluación, que pueden ser empleadas de manera conjunta o separadas, están orientadas a entregarle a la persona la responsabilidad de su vida, a ubicarla como participante activo en el trabajo terapéutico, desarrollando sus propias habilidades y recursos, y cada persona va evaluando los aspectos que debe trabajar aún más fuertemente y aquellos que ya ha desarrollado.

A continuación se presenta el dibujo realizado por la usuaria. Ella señala que parece que aún estuviera en el aire, que sus raíces fuertes indican que puede salir adelante, las señales en el tronco las identifica como las heridas provocadas por las situaciones que ha enfrentado, las hojas cayendo son algunas ilusiones perdidas y finalmente las hojas al interior son aquellas cosas que puede lograr. Es ella quien percibe el dibujo como una forma de ver reflejada su situación:

Intervención ante las ideas e intentos suicidas

La Organización Mundial de la Salud (OMS) menciona que en todos los países del mundo se identifica el suicidio como una de las tres principales causas de mortalidad entre personas de 15 a 34 años.

Múltiples han sido los esfuerzos realizados con la finalidad de prevenir y evitar el suicido. A nivel internacional, en 1960 se funda la Asociación Internacional para la Prevención del Suicidio (IAPS); en 1999 la OMS promovió una iniciativa a escala mundial, el Programa SUPRE (Prevención del Suicidio); en 2000 se funda la Red Mundial de Suicidólogos; en 2003 la OMS señala el 10 de septiembre como "Día Mundial para la Prevención del Suicidio". Durante 2006 la OMS y la Organización Panamericana de la Salud promovieron en todo el mundo campañas destinadas a evitar los suicidios bajo el lema "Más conocimiento, más esperanza". Entre las actividades realizadas se encuentran debates entre expertos, conferencias, publicaciones, llevar a la población en general el mensaje de que si bien no todos los suicidios pueden evitarse, un número alto de ellos es posible que no ocurran si se identifican las señales de tendencias suicidas y se realiza una intervención adecuada. Entre las señales más frecuentemente identificadas se señalan:

- Estado de ánimo continuamente deprimido o desesperado.
- Alteraciones en el comer y en el dormir.
- Baja en el rendimiento escolar o en el ritmo de trabajo.

- Aislamiento social paulatino.
- Pérdida de interés por incorporarse a actividades de grupo.
- Retraimiento de los amigos.
- Presencia de fantasías e ideas suicidas.
- Disminución o ruptura de la comunicación con los padres y personas significativas.
- Antecedentes suicidas de familiares y amigos (porque se percibe como una posible solución al problema).
- Accidentes constantes.
- Audacia, comportamiento temerario, autodestructivo (consumo excesivo de alcohol, drogas).
- Empleo de frases que expresan poco interés por la vida: "quisiera estar muerto", "estoy solo", "nadie me entiende".
- Regalar sus cosas favoritas o dejar en orden papeles o asuntos personales.
- Tener comportamientos "extraños o diferentes".
- Investigar o preguntar sobre propiedades letales de las drogas, veneno, armas, etcétera.
- Respuestas violentas, irritabilidad.
- Abandono poco usual en su apariencia personal.
- Quejas frecuentes de problemas físicos.
- Intolerancia a los elogios.
- Vivir sucesos traumáticos o crisis.

Intervención psicoterapéutica

Desde cualquier enfoque terapéutico, la habilidad de observar y escuchar a la persona que acude a consulta, así como una adecuada realización de la primera entrevista con el usuario son elementos básicos que requiere desarrollar el terapeuta, y esto cobra aún mayor importancia si se trata de un paciente con ideas o intentos suicidas. Para realizar un trabajo integral se requerirá una evaluación que abarque los aspectos biológico, psicológico, emocional y conductual, considerando también el medio en el cual se encuentre inmerso el sujeto, así como sus valores y creencias.

Una primera aproximación al trabajo de psicoterapia con personas suicidas puede realizarse basándose en la teoría de las crisis, en ella las situaciones de riesgo que enfrenta un suicida pueden ser entendidas como una crisis de desarrollo o circunstancial, según la clasificación propuesta por Slaikeu (1996).

Las crisis de desarrollo se presentan en cada etapa del ciclo vital o al pasar de una etapa de desarrollo a otra, son predecibles y pueden deberse a múltiples causas: conflicto con los padres, cambio de casa o de escuela, problemas económicos, de pareja, familiares enfermedades, etcétera. Las crisis circunstanciales se presentan de manera imprevista y de la misma forma pueden deberse a múltiples factores, por ejemplo desastres naturales, problemas de salud, problemas familiares, económicos o sociales.

Si el psicoterapeuta tiene presente la teoría de las crisis podrá conocer las características de las diversas crisis, pero para determinar el impacto que se produce en cada caso será necesario que pregunte y evalúe directamente, ya que la forma en que cada persona lo vive está determinada por múltiples aspectos, entre otros la severidad del trauma, los recursos de afrontamiento que la persona tenga en ese momento y las redes de apoyo con las que cuente.

Slaikeu además indica una serie de aspectos para una intervención con una persona en crisis, entre otros: escuchar atentamente lo que dice la persona; inducirle a que exprese lo que le ocurre; mostrar interés por lo que la persona comunica. En el caso específico de un suicida, preguntar de manera clara acerca de su intención o deseo de matarse, de la forma en que lo ha planeado, del tiempo que lleva con esa idea, de qué decisiones ha tomado, de qué actividades ha realizado; cuáles son sus redes de apoyo, en quién puede confiar; identificar formas de solicitar ayuda en caso de urgencia; indagar acerca de otras situaciones de crisis que haya enfrentado y cómo las ha resuelto, qué cosas que ha realizado han resultado exitosas para la resolución de problemas; establecer acciones a realizar a corto plazo; qué sería diferente si el problema que le afecta estuviera resuelto. Estas cuatro últimas preguntas estarían más orientadas a que la persona amplíe su manera de percibir las cosas, y por tanto orientadas a promover un cambio. Un aspecto importante que no debe dejarse de lado es la evaluación del peligro de mortalidad, qué tan grave es en ese momento y tomar las decisiones pertinentes.

Por lo general, la persona con ideas suicidas señala una gran cantidad de cosas que le están impactando en ese momento, es como si se encontrara en el centro del cono de un tornado, observando desde su base cómo las cosas giran de manera vertiginosa, sin poder evitarlo y, en ocasiones el terapeuta, al intentar resolver todo en el momento, pasa a ser un elemento más que gira. Para evitar esta situación, es adecuado prestar atención cuidadosa de todos los problemas que le afectan y solicitar al usuario que les dé un orden, que los jerarquice, una cosa a la vez, comenzando a trabajar con las que requieren una atención más inmediata.

Así también, es importante recordar que los posibles suicidas, en ocasiones, no difieren de otras personas más que en sus pensamientos, por ello cuando se centra exclusivamente la atención en la identificación de signos de depresión, o bipolaridad o algún otro trastorno, se dejan de lado señales relevantes de petición de ayuda.

Finalmente, cabe tener presente que, retomando la terapia de posibilidades de O'Hanlon (2003, p. 213), el trabajo de psicoterapia se puede realizar a través de "validar y valorar al cliente como persona, con todas sus experiencias y realidades pasadas y presentes y que le permite cambiar mediante la creación conjunta de nuevos relatos y la apertura de nuevas posibilidades de acción", evitando las hipótesis y los diagnósticos *a priori*. Al respecto, es pertinente retomar las cuatro oleadas o enfoques dominantes en el desarrollo de la psicoterapia que propone este mismo autor (O'Hanlon, 2001): en la primera oleada se destaca la patología, se centra en ubicar disfunciones, trastornos, deficiencias en las personas; la segunda oleada enfatiza los problemas, el esclarecimiento de ellos y cómo se originan; la tercera oleada se centra en la búsqueda de soluciones, y la cuarta tiene como aspecto central el desarrollo de posibilidades. En esta última, las intervenciones terapéuticas están orientadas a trabajar con un igual, el usuario, con la finalidad de que desarrolle las habilidades que posee orientadas a promover un cambio. ¿En cuál de esos enfoques se ubica el terapeuta?, ¿qué combinaciones realiza? Es probable que eso nos dé una respuesta del tipo de trabajo que realizará.

Bibliografía

Chávez, A., Pérez, R., Macías, F., y Páramo, D. (2004). Ideación e intento suicida en estudiantes del nivel medio superior de la Universidad de Guanajuato. *Acta Universitaria, 14*(3), 12-20.

García, I. (2006). El suicidio: un reto al sentido de vida. Comportamiento del suicidio en la Provincia de Pinar del Río 2000-2006. 2º Congreso Regional de la Sociedad Interamericana de Psicología, 2 al 6 de octubre. La Habana, Cuba.

Haley, J. (1989). *Terapia no convencional.* Buenos Aires: Amorrortu.

Koch, K. (1962). *El test del árbol.* Buenos Aires: Kapelusz.

Madrigal, E. (ed.) (2004). *Adolescencia. Boletín Latinoamericano.* Guadalajara-México, 10, 3-19.

McGoldrick, M., y Gerson, R. (1987). *Genogramas en la evaluación familiar.* Buenos Aires: Gedisa.

O'Hanlon, B. (2001). *Desarrollar posibilidades.* Barcelona: Paidós.

—— (2003). *Pequeños grandes cambios. Diez maneras sencillas de transformar tu vida.* Barcelona: Paidós.

OMS (varios años). *Prevención del suicidio.* Consultado el 7 de mayo, 2007: http://www.who.int/mental_health/prevention /suicide/

Pérez, S. (1999). El suicidio, comportamiento y prevención. *Revista Cubana Medicina General Integral, 15*(2), 196-217.

Satir, V., y Baldwin, M. (1995). *Terapia familiar paso a paso.* México: Pax.

Slaikeu, K. (1996). *Intervención en crisis. Manual para práctica e investigación.* México: Manual Moderno.

Sullivan, D., y Everstine, L. (2000). *Personas en crisis, intervenciones terapéuticas estratégicas.* México: Pax.

SUPRE (2000). *Prevención del suicidio. Un instrumento para profesionales de los medios.* Consultado el 19 de abril, 2007: http://www.disaster-info.net

Villardón, L. (1993). *El pensamiento de suicidio en la adolescencia.* Bilbao: Universidad de Deusto.

Von Franz, M.L. (1982). *C.G. Jung, su mito en nuestro tiempo.* México: Fondo de Cultura Económica.

Capítulo 5

La terapia sistémica para personas con depresión e intento de suicidio

*Luz de Lourdes Eguiluz Romo**

En la actualidad es un tema conocido el incremento de casos de depresión y suicidio, esta información resulta alarmante no sólo por el hecho de que la tasa anual se haya incrementado, sino porque las características de las víctimas sean cada vez más jóvenes (Valadez, Quintanilla, González y Amezcua, 2005). En el año 2000 se suicidaron casi un millón de personas en el mundo; según el informe de Ginebra presentado por la Organización Mundial de la Salud (OMS, 2004), se estima que esta cifra podría duplicarse dentro de los siguientes veinte años. En julio del 2001 había en México cerca de 15 millones de personas que requerían atención médica especializada. Dicho informe indica también que la depresión era un problema de salud grave y que para el año 2010 sería la segunda causa de incapacidad con la posibilidad de volverse una enfermedad crónica y mortal, dado que 15% de quienes la padecen derivan hacia el suicidio.

Hay muchas investigaciones sobre depresión y suicidio que demuestran que una es condición para la otra y viceversa, sin embargo los datos que ofrecen algunas de ellas resultan inconsistentes, porque la forma de medirlos, el tipo de población, e incluso la definición de depresión o la falta de claridad sobre la muerte, pueden hacer variar los resultados. En un estudio sobre la prevalencia de la depresión realizado por Bello, Puente, Medina Mora y Lozano (2005), que toma en cuenta la Encuesta Nacional sobre Evaluación del Desempeño (2002-2003), se concluye que:

---

* Doctora en investigación psicológica, profesora titular en la licenciatura en psicología de la FES Iztacala; docente y tutora tanto en la Residencia en Terapia Familiar como en el Doctorado en Psicología de la UNAM; jefa del proyecto de investigación "Salud y Familia"; directora de la Clínica de Educación y Desarrollo Familiar; supervisora en el Sistema de Apoyo Psicológico por Teléfono (SAPTEL); miembro fundador de la Asociación Mexicana de Suicidología.

...la depresión es un padecimiento sumamente frecuente en personas adultas y se asocia a condiciones de vulnerabilidad social. [...] La prevalencia se incrementa con la edad y disminuye con la escolaridad, es más elevada en las mujeres, sin embargo en las zonas rurales, es más alta en los hombres. [...] Un alto porcentaje de los afectados no refiere haber recibido atención médica (*op. cit.*, p. 4).

Con relación a la muerte autoinfligida, los datos duros de los informes cuantitativos son alarmantes, al respecto se dice que 25% de las personas que intentan suicidio lo vuelve a intentar durante el siguiente año. De estas personas, entre 50% y 70% sufren algún tipo de problema, tal como depresión, trastorno de personalidad, consumo de enervantes, pérdida reciente de alguien cercano (Mann, Waternaux, Hass y Malone, 1999), lo que hace más difícil tanto la detección oportuna como el poder ofrecer un tratamiento adecuado.

En todo el mundo se está dando un aumento en la tasa de suicidios, en Estados Unidos es ya la tercera causa de muerte entre los jóvenes. Siendo, como se sabe, que el suicidio es multicausal, no podemos dejar de señalar una serie de eventos que resultan sumamente preocupantes tal como los atentados suicidas, la forma como el terrorismo ha ido cobrando muchas vidas en los últimos años, han aumentado también las redes de narcotráfico a nivel mundial, la pobreza extrema se ha convertido en un problema endémico en países de África y Latinoamérica, la desnutrición, el analfabetismo, el desempleo sigue aumentando, no sólo para los jóvenes que apenas inician su vida laboral sino también para muchas personas en edad productiva que han visto cerrarse sus fuentes de trabajo. No cabe duda que éste es un panorama desalentador para nuestros jóvenes.

Por otro lado, y no ajeno a la realidad social descrita, los datos obtenidos en las últimas investigaciones señalan que los adolescentes que han intentado suicidio viven en familias cuya estructura familiar está compuesta de un solo padre o en familias ensambladas, con dificultades económicas severas, falta de habilidad para el manejo de los conflictos familiares, dificultades en la comunicación, problemas académicos, consumo de drogas o alcohol (Valadez, *op. cit.*, 2005; Eguiluz, Nyffeler, Alcántara y Chávez, en prensa). Precisamente por la relación entre el contexto social (la familia en particular) y la ideación suicida, considero muy útil el empleo de la terapia sistémica tanto para explicar como para trabajar a nivel clínico.

Tener ocasionalmente pensamientos suicidas podría considerarse hasta cierto punto normal y explicarse como parte del proceso de desarrollo por el que atraviesan niños y jóvenes al tratar de comprender el sentido de la vida y de la muerte; sin embargo, cuando estos pensamientos se vuelven recurrentes y se empiezan a considerar como posibilidad de llevarlos a la acción resulta peligroso y, lo más grave, cuando se contemplan como la única opción posible, entonces todo ello se transforma en una situación de cuidado.

La importancia de comprender las crisis

Es por muchos conocida la idea de que la palabra crisis tiene en el idioma chino dos pictogramas: oportunidad y cambio (*I Ching*), lo que nos lleva a pensar que una crisis no solamente implica algo negativo o malo para la persona que la vive, sino que es una oportunidad que la vida nos ofrece para hacer cambios y madurar con ella. William O'Hanlon (2005), experto terapeuta estadounidense escribe en su libro *Crecer a partir de las crisis,* que "las crisis son acontecimientos graves que paralizan, quebrantan y afectan nuestra vida…" (p. 18). Para este autor lo más importante de una crisis es poder obtener beneficios a pesar de la pena y el dolor que esta eventualidad nos provoca.

Durante el transcurso de la vida es inevitable que las personas atraviesen por distintas crisis, algunas de ellas son casi imperceptibles, como el cambio de un grado a otro en la escuela primaria, donde uno tiene que dejar a los compañeros con los que ha convivido y jugado durante un año para pasar a otro grupo, que implica conocer nuevos compañeros y aprender otras materias; otra crisis puede ser el cambio de casa, que significa dejar el vecindario y los amigos de la infancia para ir a otra colonia, a otra ciudad u otro país. Pero estas crisis no son tan dolorosas porque aunque hay algo que tenemos que dejar atrás, lo novedoso que viene en seguida se puede ver con optimismo. Sin embargo otras crisis más fuertes, como la muerte de un ser querido, una enfermedad grave, invalidante o terminal que repercute en las actividades familiares, la ejecución laboral, la vida social, se vive con mucho dolor y pone límite a muchas de las costumbres y rutinas que acostumbrábamos realizar. Otra crisis puede ser el cambio radical en la vida de pareja, ya sea por una infidelidad, una separación, o un divorcio, pueden tener efectos devastadores en el otro cónyuge o en las personas cercanas a ella, como pueden ser los hijos.

En relación con las pérdidas, a las que la psicoanalista Judith Viorst llama "necesarias", nos dice que a lo largo de la vida las pérdidas constituyen una constante que es sumamente amplia:

> Perdemos, no sólo a través de la muerte, sino también abandonando o siendo abandonados, cambiando, soltando amarras y siguiendo adelante. Y nuestras pérdidas no incluyen sólo nuestras separaciones y nuestros adioses a los seres queridos, sino también las pérdidas conscientes o inconcientes de nuestros sueños románticos, nuestras esperanzas irrealizables, nuestras ilusiones de libertad, de poder y de seguridad, así como la pérdida de nuestra juventud, de aquella individualidad que se creía ajena siempre a las arrugas del tiempo, invulnerable e inmortal (1990, p. 14).

Lo dicho por Viorst nos hace ver que hay pérdidas que debemos soportar aun cuando después sean compensadas con nuevas adquisiciones y logros. Sin embargo, la infinita variedad entre los seres humanos no nos permite vislumbrar con claridad quiénes podrán soportar estas pérdidas y aquellos otros para los cuales la misma situación será una tragedia difícil de superar; de estos casos hablaremos más adelante.

Las pérdidas vistas como un cambio obligado y necesario ocasionan siempre una crisis no sólo en la persona sino en el sistema familiar. El tiempo que precisa una familia para establecer un nuevo equilibrio emocional depende en gran medida de la integración de la familia y de la intensidad de la alteración. Así, se esperaría que una familia bien integrada donde sus sistemas de comunicación son positivos y sus redes emocionales funcionales, puede mostrar una reactividad casi inmediata y fuerte en el momento de la crisis, que se adapta a ella con bastante prontitud, mientras que otra familia menos integrada y con redes sociales pobres, probablemente muestre una reacción menos fuerte y significativa al cambio, pero posteriormente responderá con síntomas de enfermedad física, problemas emocionales o conducta antisocial (Bowen, 1989).

La muerte y el suicidio son pérdidas muy dolorosas que pueden conducir, ante la falta de una contención adecuada o de la fortaleza necesaria para sobrevivirlas, a nuevas pérdidas. Se ha encontrado que algunas parejas a las que la muerte las sorprende llevándose a uno de los dos, la otra persona muere a unos meses de distancia o recurre al suicidio con la intensión de "reunirse" con el ser amado (Roy, 1991). También se ha encontrado evidencia proveniente de asilos y casas de asistencia para ancianos, que cuando ocurre una muerte entre las personas ahí recluidas, suceden otras más de forma encadenada (Quintanar *et al.*, en prensa). En realidad esta situación de aparente "contagio social" se ha estudiado poco, pero puedo aventurar un juicio al decir que cuando una persona cercana muere, sea la cercanía física o emocional, se vive una crisis que lleva a los deudos a reflexionar sobre su propia muerte. Cuando alguien muere y sobre todo en los casos de suicidio, cuando la persona decide quitarse la vida, nos obliga a cuestionarnos no sólo por la muerte misma de esa persona, sino por la decisión que tomó y las circunstancias que la llevaron a ello. Es decir, pone en evidencia muchas cosas que no se quieren ver ni atender, pero que están presentes.

Voltaire decía que la especie humana es la única que sabe que ha de morir y lo sabe sólo por la experiencia, pero aquí cabe la pregunta, ¿puede la experiencia de la muerte del *otro* ser una experiencia (representación) de la muerte para uno? Es difícil responder a esta pregunta, pero invitándonos a la reflexión podríamos decir, que si el Yo se construye siempre en relación con el Otro, tener una experiencia de muerte sólo podría ocurrir ante la muerte de alguien muy cercano a nosotros. La experiencia de muerte es posible a partir de la individuación, es decir, cuando se sabe que uno tiene un lugar muy personal y distinto de otros lugares (Bello, 2005). El filósofo francés Edgar Morin (1999) dice que el terror y el dolor ante la muerte tienen un denominador común, la pérdida de la individualidad. De esta forma, entre más cercano, familiar, amado, haya sido el muerto, es decir más "único", más fuerte y violento será el dolor percibido por el deudo.

Es necesario señalar, antes de terminar este apartado, que todas las crisis que uno vive son idiosincrásicas, es decir, lo que para mí puede representar una crisis no lo es necesariamente para el otro y la respuesta que cada uno da a este hecho circunstancial también es totalmente personal.

El trabajo clínico del terapeuta

Hay algunas teorías psicológicas que señalan que uno es creador de la realidad en la que participa y si esto es así, entonces también tendríamos algo que ver con las crisis que nos ocurren en el transcurso de nuestra propia vida. Esta podría ser una visión simplista, porque podríamos preguntarnos qué tengo yo que ver con la muerte por cáncer de mi pareja o en el accidente de tránsito sufrido por mi padre; a este respecto sobran los ejemplos. Sin embargo, si hacemos una revisión más profunda veríamos que hay muchas muertes "previamente anunciadas". Estoy pensando en un compañero de la universidad a quien su médico le había pedido que evitara el consumo de alcohol y el exceso de trabajo y que sin embargo él seguía teniendo ese comportamiento riesgoso para su salud; unos años después murió de un infarto. También el suicidio puede ser en algunos casos una muerte anunciada, cuando la persona meses antes del desenlace fatal ha estado dando señales de que se va a ir, regala algunas de sus pertenencias muy apreciadas, escribe versos o cartas de despedida, dibuja calaveras, tumbas, guerras, muertes, etcétera. Pero en muchos de estos casos, las personas que se encuentran a su alrededor no saben leer las señales que muestra quien está pensando en suicidarse.

Tanto nuestra cultura como cada uno de nosotros en lo personal tenemos una resistencia al enfrentar cambios importantes y necesarios en nuestra vida. Incluso somos sordos a nosotros mismos, cuando no escuchamos la voz que desde nuestro interior nos dice: "tienes que dejar ese trabajo o esas costumbres o no debes seguir consumiendo ciertos productos".

Pero tanto si uno es el artífice de su propio destino, como si la crisis se genera debido a un hecho fortuito, no hay que olvidar que se trata de un aviso para cambiar de rumbo. El psiquiatra y terapeuta argentino Jorge Bucay (2006) en su libro *Hojas de ruta,* nos marca las señales que pueden observarse cuando uno transita por el sendero al que él le llama "el camino de las lágrimas". Empezando por darse cuenta que hemos sido entrenados en nuestra familia, la escuela y los grupos sociales en los que participamos, para creer que nos sería imposible sobrevivir ante la pérdida de una persona significativa –nuestros padres, nuestra pareja, algún hijo o un amigo muy querido–; sin embargo, no somos tan frágiles como nos han hecho creer, tenemos recursos para enfrentar las crisis.

Algo que resulta incuestionable es el dolor que nos causa la pérdida de algo o alguien querido. La pena por las cosas o personas que uno deja durante su vida siempre requieren elaborarse, es necesario aprender a reconocer las señales y aprender a recorrer el camino de las pérdidas, pero ese camino es totalmente idiosincrásico. No es fácil hacer recomendaciones a otro sin tener en cuenta quién es y a qué grupo social pertenece, así como saber que relación existía entre él y la persona que se ha ido, y saber además, si la muerte era algo que se veía venir o sucedió de pronto como un hecho fortuito o un accidente.

En su extenso estudio sobre la muerte y los moribundos, la doctora Kübler-Ross (2001) habla sobre los distintos tipos de pérdidas y la variedad de respuestas humanas posibles. Esta mujer se pasó una gran parte de su vida acompañando a las personas desahuciadas y observando cuáles eran sus reacciones ante la proximidad de la muerte, los datos que recabó a lo largo de muchos años le permitieron escribir varios libros sobre el tema y la llevaron a convertirse en la persona con mayor experiencia para hablar de la muerte y los moribundos; tan es así que se le ha considerado como fundadora de la tanatología.

Recorrer este difícil camino implica también reconocer la relación indisoluble entre pérdidas y adquisiciones, lo que en otras palabras sería aprender a renunciar a lo que ya no está, aprender a aceptar la pérdida, para poder madurar y crecer. Freud decía en su libro *Duelo y melancolía* que el duelo era una pérdida que ocasionaba un profundo dolor por lo que se requería elaborar el duelo, lo que implica un proceso de trabajo para poder asumir lo nuevo por venir y aceptar, al mismo tiempo, que lo que dejamos atrás no va a regresar ni es recuperable. También señala que los duelos son necesarios para crecer porque son parte de la vida y sin ellos no podríamos avanzar.

El trabajo especializado del psicólogo clínico

Hay muchos modelos de terapia clínica y hasta el momento no se ha podido demostrar con claridad cuál de ellas es más efectiva que las otras, incluso tratándose de situaciones tan específicas como puede ser el tratamiento para personas alcohólicas, Millar y Hester (2003) llegan a esa misma conclusión. Pero es necesario señalar que a diferencia de un médico cuya ciencia lo capacita para trabajar con la parte fisiológica del organismo, es decir con el cuerpo del humano; el psicólogo se ha capacitado para incidir en los aspectos espirituales, emocionales y cognitivos de esa misma persona. La parte biológica es atendida a través de prescribir fármacos, mientras que los aspectos psicológicos son atendidos a través de la palabra del terapeuta, la comunicación entre el cliente y el psicólogo clínico tiene un efecto transformador que ayuda a modificar la realidad en la cual se vive.

Precisamente por la gran responsabilidad que implica el trabajo clínico en general, pero adicionalmente aquellos psicólogos que se dedican a tratar con pérdidas y crisis requieren de una preparación especializada, es decir, no cualquier psicólogo puede tratar a la familia de un joven que ha muerto por suicidio, ni a una mujer a quien su marido la ha abandonado y la ha dejado por otra más joven, ni dar atención a un muchacho que empieza a percibirse a sí mismo como homosexual y la crisis que esto significa no sólo para él, sino para su novia y su familia de origen. Sin embargo, en ninguna escuela o universidad del país donde existe la carrera de psicología, se contempla la necesidad de un entrenamiento especializado para los psicólogos que piensan dedicar sus esfuerzos a atender a la gente que está sufriendo una crisis por pérdidas de cualquier tipo. Esta preparación también está ausente entre los médicos, no se les entrena para dar al paciente un diagnóstico que implica la pérdida temporal o definitiva de alguna función corporal, una enfermedad terminal o la muerte misma de una persona que ha sido sometida a algún tratamiento u operación.

Además de contar con un entrenamiento especializado se requiere que el trabajo clínico desarrollado por el profesional sea supervisado por un experto. La supervisión como indica la misma palabra, significa aquella mirada de altura, una visión que rebasa la superficie y va más allá de lo que puede percibir cualquier persona no entrenada, es una mirada de experto entre cuyas funciones está ofrecer otro punto de vista sobre la situación del paciente y colaborar con el terapeuta tratante en la búsqueda de soluciones para el problema que se atiende. Según Lambert y Arnold (1987) la supervisión tiene por objeto el crecimiento y mejoramiento de la efectividad del supervisado; se puede decir que en lo general se trata de un tipo de entrenamiento que reciben los profesionales de la salud mental, con objeto de modificar el trabajo desarrollado para conseguir una nueva forma de asistir a quien le solicita ayuda ante los diversos problemas de la vida.

El supervisor, como señala López Carrasco (1998), es un terapeuta no sólo entrenado bajo uno o varios modelos teóricos, sino además es una persona con una amplia experiencia clínica avalado por una asociación de colegas que reconocen esa experiencia con más de 300 horas de entrenamiento supervisado. La Asociación Mexicana de Terapia Familiar avala el ejercicio profesional de sus miembros entrenados bajo el modelo sistémico con 300 horas de supervisión comprobables (Eguiluz, 1999, 2004).

Pero la pregunta clave es cuándo una persona requiere de una atención especializada para poder resolver con eficacia el proceso de duelo. Como decíamos en párrafos anteriores, cada persona responde a la muerte con sus propios recursos y éstos varían enormemente de persona a persona, de manera que no hay una regla fija aplicable a toda la gente. Pero si podemos reconocer ciertos pasos normativos que nos indican si la persona está en el proceso, se ha estancado o se ha desviado del camino.

Primero que nada hay que tener en cuenta que toda crisis tiene una duración limitada aunque pareciera en principio que fuera a durar toda la vida. También hay que reconocer cuáles son las etapas por las que atraviesa el proceso de duelo, según Kübler-Ross son cinco: *a)* negación; *b)* ira; *c)* negociación; *d)* depresión; *e)* aceptación. Para Neimeyer (2002) el proceso se resume a tres fases: *a)* evitación; *b)* asimilación, y *c)* acomodación. Puede haber otros investigadores que marquen más o menos etapas para transitar por este camino, sin embargo todos coinciden en que es un sendero por el que se tiene que andar solo y cada etapa propicia sentimientos diferentes.

El trabajo durante el proceso de duelo

Muy brevemente vamos a analizar en seguida las etapas del duelo, basándome en mi experiencia personal y en la revisión de algunos autores expertos en el área (Kübler Ross, 1985; Pérez Valera, 1990; Worden, 1997; O'Connor, 1994).

Recién se recibe la noticia de la pérdida, la persona queda conmocionada, no da crédito a la información, puede sentir miedo y una gran confusión que provoca aturdimiento, estas actitudes pueden evitar la plena conciencia de una realidad que resulta demasiado dolorosa para asumirla. Esta forma de evitar la información desastrosa y el negar la realidad son dos mecánicas inconscientes que protegen y ayudan a la persona a sobreponerse a la pérdida. Posteriormente, teniendo ya una mayor claridad puede haber un sentimiento de coraje que no se sabe todavía hacia quién enfocarlo, si hacia la persona que murió, cuando se dice o se piensa: "muchas veces le dije que dejara de fumar, que no debería hacerlo, y sin embargo él no me hizo ningún caso"; o si el coraje ha de dirigirlo hacia uno mismo: "…si yo no hubiera dejado las llaves tan a la mano no se habría llevado el carro sin permiso y aún estuviera vivo"; incluso se puede culpar a entidades externas: "No es justo que Dios se haya llevado a mi hijo cuando hay tantas madres que no quieren ni cuidan a sus hijos, ¿por qué a mí me lo quitó?".

Poco a poco una gran tristeza nos invade ante la certeza de no volver a ver a nuestro ser querido; durante esta etapa es posible que nos aislemos, dedicando una mayor atención a la "elaboración del duelo", haciendo un esfuerzo por acomodarnos a la pérdida. Durante esta parte del camino pueden presentarse algunos trastornos del sueño, la persona se va a la cama y tarda varias horas en conciliar el sueño, dándole vueltas a las ideas sobre "cuándo voy a recuperarme de esta pérdida, qué voy a hacer ahora yo sola para mantener a la familia", o puede despertarse a media noche y no volver a dormirse por los pensamientos desastrosos que no logra quitarse de la cabeza.

Durante esta parte del proceso puede haber también algunos trastornos en otras funciones básicas, como en los hábitos de alimentación, aseo y cuidado. Periodos de llanto sin motivo aparente, pérdida de motivación e incapacidad para concentrarse en alguna tarea, desesperanza al mirar el futuro, e incluso algunas personas han reportado durante esta fase haber visto a la persona que se fue, escuchado su voz, haber encontrado sus cuadernos fuera de donde los había colocado, como si el ser querido diera señales de que no se ha ido del todo.

Finalmente se comienzan a observar algunas señales de que el duelo va poco a poco asimilándose, hay una aceptación resignada de la realidad, se va recuperando el control de las funciones vitales, pero todos estos cambios no se presentan en forma ascendente ni de manera regular. A veces parece que la persona ya está bien y a la siguiente semana regresan los trastornos y malestares, como si avanzar y retroceder fuera la regla. Sin embargo el reencuentro con el bienestar es inminente, poco a poco se va recuperando la energía y las ganas de vivir, la persona se automotiva para seguir adelante a pesar de la pérdida. El deudo se va incorporando a sus actividades cotidianas, regresa a la escuela o al trabajo, puede empezar a hablar del suceso ocurrido, recupera sus costumbres y regresa a sus hábitos cotidianos.

Según Neimeyer (2002), se debe buscar ayuda profesional cuando la persona se ha quedado bloqueada en su duelo, ya sea porque no ha sido capaz de sentir nada durante meses ante la pérdida del ser querido o, a la inversa, si se siente atrapado en un sentimiento intenso y desgarrador que puede ponerlo en peligro o a aquellos que se encuentran bajo su responsabilidad y cuidado. Tanto en uno como en otro caso no hay movimiento, la persona se ha quedado paralizada sin poder transcurrir por las diversas etapas. A esta falta de movimiento e incapacidad de cambio se le conoce como "duelo congelado". Aunque es difícil poder definir con toda exactitud cuánto tiempo dura ese transitar de una etapa a otra cuando se ha perdido a una persona significativa, algunos hablan de cinco o seis meses, sin embargo otros investigadores alargan este periodo de duelo hasta tres años (Poch y Herrero, 2003; Heker, 2003).

Los duelos complicados o congelados son más probables en los casos en que la pérdida fue debido a un accidente cuando la muerte no se esperaba, no había ningún indicio de que el desenlace fatal pudiera ocurrir, o cuando la muerte está desfasada, fuera de lo esperado en el ciclo vital, por ejemplo la muerte de un niño. Aunque el dolor, los trastornos, los sentimientos de pena, soledad y tristeza no tienen nada de "anormales", hay algunos síntomas que pueden señalar la necesidad de ayuda externa. Cada persona debe tomar la decisión de hablar con un profesional de manera libre y voluntaria, no es conveniente llevar "empujando" al deudo porque a nuestro juicio "ya debería haber salido adelante".

La persona puede necesitar ayuda cuando según Worden (1997): *a)* el duelo se ha complicado manifestándose como un duelo prolongado; *b)* el duelo se presenta acompañado de algún síntoma somático o conductual enmascarado, y *c)* el duelo se manifiesta con una reacción exagerada y prolongada de pena y dolor. En el primer caso la persona que presenta estas dificultades está plenamente consciente de que no está llegando a una resolución del duelo, pues la pérdida ocurrió hace muchos meses o años; aquí la terapia implica averiguar cuáles son las tareas que no se han realizado y cuáles son los impedimentos que le dejan avanzar. En el segundo caso, tenemos a personas que no se dan cuenta que el duelo no resuelto está detrás de los síntomas que experimentan; esto suele ocurrir porque en el momento de la pérdida, el proceso no se dio o se inhibió totalmente su expresión. En este caso se tendría que trabajar primero para hacer consciente el enmascaramiento de los síntomas y ayudar posteriormente a la persona a que complete su duelo. En el tercer caso, se trata de pacientes con una depresión prolongada o una ansiedad excesiva, también pueden manifestarse otros síntomas de forma exagerada, incluso hay ocasiones en que a esa persona se le puede diagnosticar un trastorno psiquiátrico, por lo que se recomienda, además del tratamiento psicológico, un tratamiento con fármacos.

Neimeyer (*op. cit.*) sugiere que es conveniente buscar ayuda profesional cuando la persona presenta:

- Intensos sentimientos de culpa, ya sea por lo que hizo o dejó de hacer por la persona amada.
- Ideación suicida que van más allá del deseo pasivo de morir o de reunirse con el ser querido.
- Desesperación o desesperanza extrema, que le impiden ver una posibilidad de salida del "túnel oscuro" en que se encuentra.
- Inquietud o depresión prolongada, acompañada de un sentimiento de atrapamiento que inmoviliza con duración de varios meses.
- Síntomas físicos, acompañados de pérdida de peso, opresión y dolor en el pecho, malestar general.
- Ira incontrolable, que incomoda y lastima a sus seres queridos o que lo lleva a planear una venganza.
- Dificultades en el funcionamiento normativo, incapacidad para mantener un trabajo o realizar las actividades de la vida cotidiana.
- Abuso de sustancias, consumo de drogas y alcohol para lograr la estabilidad emocional y soportar el dolor de la pérdida.

Cualquiera de estos síntomas puede ser normal, como ya dijimos; sin embargo vale la pena poner atención en ellos cuando el dolor, la pena y el sufrimiento en la persona sobreviviente se prolongan sin que haya cambios positivos en su presentación.

El psicólogo cura con la palabra

Como señalábamos en párrafos anteriores, la manera de "curar" de cada uno de los profesionistas que trabaja con material humano es diferente, como también lo son las teorías que explican los tipos de problemas por los cuales se padece. Voy a tomar la definición que hacen Neimeyer y Mahoney (1998) de lo que es la psicoterapia. Para ellos esta tarea consiste en "un intercambio abigarrado y sutil y una negociación de significados (inter) personales. Cuyo objetivo es articular, elaborar y revisar aquellas construcciones que utiliza el cliente para organizar su experiencia y sus actos" (p. 19). Entendiendo que la persona que acude en busca de ayuda profesional es porque está viviendo en una realidad cuyos significados se han rigidizado de tal manera que le están causando sufrimiento y dolor. En párrafos anteriores se había comentado también que un duelo "no resuelto o congelado" se observa cuando la persona no puede transcurrir de una etapa a otra y lo que ha construido respecto a la muerte del ser querido le causa una pena terrible con la que se siente incapaz de sobreponerse.

Para el tema que estamos tratando resulta muy sugestivo el título de un libro de McNamee y Gergen (1992): *La terapia como construcción social*, donde los autores muestran a través de una compilación de diversos artículos, cómo la realidad se construye socialmente, mediante un intercambio de significados. Trataré de decirlo de otra manera, la forma como narramos a otro(s) lo que nos sucede, o explicamos lo que nos pasa, no es más que un esfuerzo por darle sentido, orden y coherencia a nuestra experiencia. De modo que cuando una persona (cliente) acude a psicoterapia y conversa con el terapeuta no sólo le reconoce un saber, sino además confía en que la conversación que ambos mantienen no es una plática nimia y sin importancia, sino que su conversación es terapéutica, es decir, ejerce en él una función transformadora. Podría añadirse que todo individuo está conformado por las convenciones lingüísticas y las narrativas culturales en las que está inmerso.

Formas distintas de tratamiento

Las formas de curar la tristeza profunda y la melancolía han sido sumamente variadas, desde remedios particulares que con el tiempo se ha perdido su huella, hasta el empleo de sanguijuelas y cauterizaciones realizadas durante la Edad Media, pasando también por cierto tipo de dietas, masajes, gimnasia, evitar desvelos, descanso, paseos al aire libre y escuchar música (Ficino, 1995). Pero "también se propone la fe, el amor y la reconstrucción moral de la sociedad para cohesionar a los individuos aislados que sería lo que lleva a esta corriente de tristeza colectiva" (Jaramillo, 2003, p. 153). En la época actual la psiquiatría ha desarrollado una gran variedad de fármacos que han colaborado a aliviar la tristeza, la desesperanza y la depresión, sin embargo en muchos casos puede suceder que la medicina cure algunos síntomas, pero la pena y la tristeza profunda persistan de manera más amplia, siendo necesario que el paciente recurra a una psicoterapia para poder iniciar su recuperación profunda. Siempre y en todas las épocas los tratamientos de ciertos males han estado relacionados con la idea que se tenga respecto al problema que se busca resolver.

Si se evalúa a un gran número de personas en duelo, como hizo Kübler-Ross, se encontrará un amplio rango de conductas, y aunque éstas puedan reflejar algunas de la lista de reacciones normales, existen importantes diferencias individuales. Para algunos el duelo puede ser una experiencia muy intensa que comienza en el momento de recibir la noticia, mientras que para otros puede ser leve y la respuesta retardada. En algunos casos el duelo abarca un periodo de tiempo relativamente breve, mientras que en otros casos parece durar para siempre. Para Worden (1997) los duelos no resueltos que requieren psicoterapia responden a una serie de determinantes que, adicionalmente a la forma como se vive el duelo y a las cuestiones conflictivas de la persona implicada, tienen que ver con:

1. Quién es la persona que falleció. Para predecir qué tipo de respuesta podemos esperar, es necesario saber quién era la persona, porque no es lo mismo la muerte del abuelo por causas naturales, a la muerte de un hermano en un accidente automovilístico.

2. La naturaleza del apego. Es necesario conocer qué tipo de relación había entre el difunto y el deudo, esto implica conocer la intensidad afectiva que unía a ambos, la seguridad que proporcionaba la persona fallecida, si había ambivalencia en la relación y si en ésta los sentimientos negativos superaban a los positivos, así como si había conflictos duraderos en la relación.

3. Tipo de muerte. El saber cómo murió la persona ayuda a entender cómo elabora el duelo el sobreviviente. Si la persona tuvo una muerte natural o si por el contrario fue por accidente, suicidio u homicidio, la elaboración del duelo es muy diferente. Si la muerte ocurre lejos o cerca, si hubo avisos o fue totalmente inesperada, hay que considerar que la culpa es un factor clave para afrontarla.

4. Antecedentes históricos. Otro dato valioso para predecir cómo se va a elaborar el duelo puede ser conociendo si ha habido otras pérdidas y cómo se elaboraron, saber si la persona ha padecido depresión, si ha habido cambios fuertes en los últimos seis meses y conocer también qué piensa la persona respecto a cómo considera que le afectaron esas crisis.

5. Variables de personalidad. Es importante conocer también características de personalidad del deudo, no sólo la edad, el sexo, la raza, sino cómo maneja la ansiedad y el estrés, cómo afronta las situaciones difíciles, si es una persona muy dependiente o ha tenido relaciones tempranas complicadas. Las personalidades *borderline* y narcisistas tienen más problemas para elaborar las pérdidas y superar las crisis.

6. Variables sociales. Todos pertenecemos a distintas subculturas que tienen costumbres y ritos que las distinguen como grupo. Los irlandeses elaboran el duelo de forma distinta que los italianos, los judíos de los católicos o de los protestantes. El apoyo social recibido durante el proceso también hace diferencias en la manera de vivirlo, las personas que progresan poco en el proceso de duelo tienen un apoyo social inadecuado o conflictivo. Cuando el duelo se complica extendiéndose en demasía puede llegar a agotar la red social de pertenencia.

Hasta aquí hemos hablado de las crisis y cómo estas nos afectan y también de las pérdidas y el proceso de duelo, en seguida vamos a revisar algunos de los postulados que nos van a servir para comprender el tipo de terapia que propongo para trabajar a nivel clínico con personas que están viviendo una crisis o que han perdido a alguien o algo que era muy apreciado y cercano.

La teoría sistémica. Postulados

La teoría sistémica se desarrolla en contrapartida de las dos corrientes fuertes que dominaban por aquel entonces la psicología, estamos hablando de finales de los años cincuenta y principios de los sesenta. Estas teorías eran: la psicoanalítica y la conductual. Si pudiéramos colocarlas en un continuo se ubicarían en un extremo una de la otra, mientras que la primera le interesa estudiar lo intrapsíquico que resulta invisible e intangible, en la segunda, de corte totalmente positivista, su interés radica en el comportamiento que es observable, medible y cuantificable (Eguiluz, 2001).

Utilizar un marco sistémico implica que nos interesa el individuo en contexto, es decir, en interacción con los otros. Donde el objetivo de las observaciones se desplaza de lo intrapsíquico, o lo meramente comportamental, a las relaciones presentes entre los diversos elementos de la familia. Desde esta posición, no resulta útil aislar al sujeto sacándolo de su contexto, sino que se procura observarlo en su hábitat natural, donde se han generado los problemas que le aquejan, es decir, en su familia.

La teoría sistémica ofrece un nuevo paradigma para explicar y comprender la realidad basado en las siguientes premisas: la realidad no existe como tal, ni podemos acceder a ella a través de un método, sino que es algo que se construye en la interacción con los otros. El observador está siempre presente en lo que observa y la descripción de lo observado se hace a través del lenguaje, estas descripciones van formando redes de significados que se negocian con los interlocutores y acaban formando parte de la cultura en que participamos (Eguiluz, 2005). Gregory Bateson (1984), quien fuera uno de los ideólogos que fundamenta la teoría sistémica, define la locura y otros síntomas psiquiátricos como conductas comunicativas entre las personas y no como fenómenos intrapsíquicos.

Una familia se compone de un conjunto de personas, relacionadas entre sí, que forman una unidad frente al medio externo (Eguiluz, 2001). La familia se separa de otras personas distintas al grupo, a través de los límites, que funcionan como líneas de demarcación y al mismo tiempo como lugar de intercambio de comunicación entre dos sistemas o subsistemas, o también puede ser la separación entre un sistema y otros suprasistemas (que son los sistemas más amplios y abarcativos). En todos los sistemas existen jerarquías que marcan quién participa y tiene derecho, y quién no; quién manda y quién obedece. Cuando las jerarquías en una familia son claras y aceptadas por los miembros del sistema, las relaciones entre ellos se dan de manera fluida y sin conflictos, pero cuando éstas son cambiantes, inestables o no son asumidas por los participantes, es probable que se generen conflictos o surjan síntomas.

Si las interacciones entre los miembros de la familia son funcionales, entonces los individuos que en ella participan se sienten bien con ellos, con lo que hacen y con lo que tienen, pero si las cosas no funcionan adecuadamente, se generará entre ellos una serie de sentimientos y comportamientos que los llevarán a separarse cada vez más hasta la disolución del sistema. Es indudable que se aprende a ser feliz en la familia pero también se puede aprender a ser inmensamente desdichado.

Cómo trabajar con personas con ideas o intento suicida

Cuando alguien recurre a la terapia es porque se encuentra desesperado y se ha dado por vencido al intentar por distintos caminos resolver un problema que le aqueja sin ningún resultado. La mayor parte de la gente llega con un cierto grado de frustración y desesperanza, pensando que ha intentado todo y hecho muchos esfuerzos tratando de resolver el problema sin ningún éxito. Las personas buscan ayuda cuando están viviendo una crisis, "acontecimientos graves que quebrantan, paralizan y afectan nuestra vida y la percepción de nosotros mismos hasta el punto de que perdemos la capacidad de seguir adelante con normalidad" (O'Hanlon, 2005, p. 18).

Como ya señalamos en párrafos anteriores, la gravedad del acontecimiento depende de una evaluación subjetiva hecha por la persona, de eventos tales como el diagnóstico de una enfermedad grave o invalidante; un deterioro económico por despido injustificado, pérdida del capital o robo del patrimonio familiar; un cambio radical en una relación importante como consecuencia de una infidelidad, la muerte de la persona amada. Estos acontecimientos resultan graves para la mayoría de las personas, sin embargo los jóvenes tienen otros parámetros para medir la gravedad de los sucesos. La pérdida de un amigo íntimo puede ser tan grave para el adolescente como la muerte de un ser amado para el adulto, reprobar en un examen puede ser equivalente a un despido violento e injustificado, la traición de la novia podría ser comparable a una situación de divorcio entre dos personas adultas.

Los investigadores que han estudiado el fenómeno del suicidio en adolescente señalan una serie de factores desencadenantes tales como el consumo abusivo de drogas y alcohol, el aislamiento social, los problemas con los amigos y la familia. Un elemento que generalmente aparece correlacionado es la depresión, aunque se sabe que muchos de los factores mencionados y otros más, covarían con el comportamiento suicida, por lo que se dice que es un fenómeno multifactorial (Fishman, 1989; Eguiluz, 1995 y 1996).

En el caso de la familia, los amigos, los compañeros de la escuela, todos ellos pueden verse como macrosistemas donde el joven participa. En muchos casos estos grupos reflejan y exacerban las presiones externas que sufre el adolescente. Un porcentaje muy alto de los adolescentes que he atendido a lo largo de más de veinte años, cuyo motivo de consulta es el intento de suicidio, describen malas relaciones con sus padres y hermanos, experimentan una gran desorganización familiar, no tiene claridad respecto a los límites ni las reglas familiares, por lo general van mal en la escuela o los estudios parecen no interesarles, no hay nada que despierte en ellos una pasión que los mueva hacia la búsqueda de algo o alguien. Han sido desde tiempo atrás, los "chivos expiatorios" en su familia o en la escuela, por lo que su autoestima está muy disminuida. En muchos de los casos se trata de familias sumamente rígidas, donde el adolescente por más que intenta flexibilizar las reglas familiares no lo ha conseguido y cada vez se siente más triste y desesperanzado (Eguiluz, *et al.*, en prensa). En estos casos el suicidio puede considerarse como un intento desesperado por producir un cambio.

Es necesario enseñar a los padres y maestros a detectar las señales, que a veces en forma encubierta y en otras de manera mucho más clara permiten prever un conflicto de esta naturaleza. Si el chico tiene comportamientos que se apartan de su propia norma tales como: dejar de comer o comer en exceso, dormir muy poco o pasarse durmiendo la mayor parte del día, encerrarse en su habitación sin participar en nada con la familia, meterse en la computadora por horas, faltar a la escuela, bajar calificaciones, escribir cartas de despedida, regalar sus objetos preciados, dibujar escenas de muerte, asesinatos, etcétera. Todos estos comportamientos no ocurren sólo una vez ni de manera aislada, es muy común que los padres reporten que habían notado extraño al muchacho, desde meses o semanas previas al suceso. La mayor parte de las veces los padres reportan que a pesar de haber notado estos cambios no hablaron con él porque no sabían cómo preguntar, o porque a pesar de que tenían la sospecha no quisieron abordar el tema por miedo de que al comentarlo, si el muchacho no lo había pensado, era como darle la idea para cometer suicidio.

Describiré a continuación algunas de las estrategias con las que trabajamos en casos de ideación suicida, depresión o intento suicida cuando se trata de jóvenes que viven aun con su familia. Empezando por la llamada telefónica.

La cita telefónica

Cuando en la familia se da un problema que rebasa sus capacidades de solución, y esto generalmente sucede en los casos de ideación suicida o cuando el muchacho ha hecho ya un intento suicida, toda la familia entra en crisis. Lo común es que quien hace la llamada telefónica para concretar la cita sea el padre o la madre del joven. Esta llamada indica quién es la persona que en ese momento se encuentra más preocupada por el muchacho, que generalmente coincide con la persona con quien los lazos afectivos son más fuertes.

En ese primer contacto telefónico, me es muy útil hacer una serie de preguntas que me permiten tener una idea clara de qué está pasando y cómo están ocurriendo las cosas en la familia. Pregunto el nombre de los padres, la edad y su ocupación, cuántos hijos tienen y qué lugar ocupa el hijo que está en ese momento afectado por el problema, qué edad y grado académico está cursando, qué tipo de estudiante es, si es responsable con sus tareas, le gusta la escuela, asiste a ella con agrado, si tiene amigos, si a éstos los conocen los padres y cuál es su opinión sobre las amistades de su hijo. También pregunto sobre el motivo de consulta, cómo se dieron cuenta, desde hace cuánto tiempo, qué han hecho cada uno de ellos para ayudar a su hijo y qué resultados obtuvieron. Cada una de estas preguntas se deriva de una hipótesis que a su vez está avalada por las investigaciones empíricas que se han realizado a lo largo de los años. Esa es la razón por lo que esta primera entrevista telefónica no debe hacerla cualquier persona, sino el profesional encargado del caso.

Con los datos obtenidos se programa junto con los padres la primera entrevista cara a cara. Es importante solicitar la presencia de ambos padres (si los hubiera), de los abuelos, hermanos mayores y otras personas que conozcan del caso y estén dispuestos a colaborar. Si los hermanos pequeños no conocen la historia y los padres o el joven prefieren que no vengan en esta primera cita, hay que respetar la decisión de ellos, pero la invitación se hace extensiva al padre que ha hecho la llamada, para que informe a toda la familia. Los datos que me ha proporcionado el informante los grafico en un mapa familiar (Carter y McGoldrick, 1988), de manera que sirvan de guía durante la entrevista inicial. El mapa familiar no es un esquema rígido, se enriquece y se transforma a través de los distintos encuentros con la familia, en donde mediante las entrevistas, van proporcionando más datos.

Primera entrevista

Antes de iniciar esta sección es necesario aclarar que a pesar de que el modelo sistémico se puede enseñar a otros, porque está compuesto de un marco teórico claro y explícito y tiene además una serie de estrategias y técnicas que pueden ser aplicadas. No es un libro de recetas que explicite el problema y lo que se debe hacer en cada uno de los casos. Recordemos lo dicho por uno de los fundadores de la terapia familiar, Salvador Minuchin (1989), quien señala que la terapia sistémica es como el trabajo del samurai, que practica y aprende los pasos básicos, y una vez aprendidos permite el surgimiento de un proceso creativo que da pie a una estrategia particular en el momento preciso y con la persona adecuada. Por eso se dice que la terapia no es solamente la aplicación de técnicas, sino es en sí un arte.

Desde la primera entrevista solicito a las personas adultas la lectura y firma en un documento al que llamamos "Conocimiento informado". Ahí se explica brevemente el tipo de terapia que hacemos y la necesidad de filmar las sesiones, la confidencialidad de los videos, que implica que éstos sólo podrán ser revisados para efecto de investigación por gente experta en el tema.

Comienzo haciendo algunas preguntas de tipo social, con objeto de disminuir un poco el estrés que siempre acompaña estar en un lugar desconocido, y además empezar a hablar con alguien extraño sobre temas que ellos consideran penosos, dolorosos o difíciles de tratar. Mientras responden a las preguntas observo quién contesta, quién o quiénes del grupo lo miran, quién corrige lo dicho o añade algo más, cómo y en qué lugar se ha sentado cada uno. Generalmente cuando el tema es la muerte autoinflingida, la persona que ha hecho el intento o que ha manifestado de alguna manera ideas suicidas, se encuentra flanqueada por ambos padres. Recordemos lo dicho por Fishman (1989): "Tras un intento de suicidio, hay veces que la familia se vuelve excesivamente protectora hacia el adolescente. La familia lo resguarda de las tensiones y los problemas normales, y la sobreprotección resultante entorpece su desarrollo" (p. 203).

Una forma eficaz de preservar la fluidez en la conversación es considerar que el joven se está enfrentando con un problema, no que él es el problema. Cuando adoptamos una actitud abierta, no culposa y de curiosidad legítima, muchas veces la vemos recompensada con la creatividad que se genera en la relación con los muchachos que proponen ideas y soluciones. De esta manera podríamos empezar preguntando: ¿Me gustaría saber que los trajo hasta aquí? O comenzar con cualquier otro tipo de pregunta que no conduzca directamente hacia el problema, considero que primero debemos dedicar un tiempo para conocer a las personas que forman el sistema, antes de escuchar a quién culpan por estar ahí.

El uso de preguntas claves que generan experiencia

Cuando se realizan entrevistas a profundidad (que forman parte de la metodología cualitativa y no sólo sirven para hacer investigación sino también como parte de la terapia), la relación progresa mediante preguntas y respuestas, más que por las afirmaciones, interpretaciones y dichos del terapeuta. En realidad en este tipo de terapia, las sesiones se hacen a través de preguntas que permiten que las personas piensen de una manera reflexiva. Kral Tomm (1982) llama a estas preguntas "reflexivas" porque tienen un propósito facilitador, tanto para el terapeuta como para el paciente, en el caso del terapeuta, éste facilita la apertura y la creación, mientras que para el cliente, además de generar reflexiones sobre los asuntos de interés, abre opciones y posibilidades de futuro.

De esta manera las preguntas que facilitan la reflexión del joven o la familia generan nuevas experiencias que se socializan en el grupo, de forma tal, que las preguntas no sólo sirven para reunir información sobre el tema que nos interesa. Dicen Freedman y Combs (1996, p. 113) sobre este mismo asunto, que "cuando las preguntas generan experiencia de realidades deseadas, pueden ser terapéuticas en y por sí mismas".

Asimismo, las preguntas que formula el terapeuta proporcionan también importantes recursos lingüísticos al muchacho y a su familia, porque ofrecen una gama de posibilidades para hablar sobre el problema. Sobre todo si el tema que nos ocupa es la ideación de muerte y suicidio, donde por ser un asunto del que no se habla, cuesta todavía más trabajo construir discursos para referirse a ello. Pero sabemos que al hablar de maneras diferentes sobre el problema se van desarrollando formas distintas a las narraciones "saturadas de problemas que inciden en forma adversa en sus vidas" (Freeman, Epston y Lobovits, 2001).

Es común que cuando la familia viene a terapia porque uno de sus hijos está pensando en matarse o ha hecho un intento de suicidio, los padres vienen con fuertes sentimientos de desesperación, culpa, impotencia, enojo o frustración que pueden llegar a "contagiar" al terapeuta. Pero haciendo eco con lo expresado por Freeman (*et al.*, 2001), quien dice: "Cuando no nos da miedo la intensa negatividad que acompaña a los problemas graves y no patologizamos a los cuidadores por ella, empiezan a surgir relatos de esperanza" (p. 112).

Una de las estrategias de la terapia estructural consistía en "repartir" la carga que lleva sobre la espalda el paciente identificado, sin que esto implicara culpar a los demás, posteriormente, la corriente narrativa lo que hace es externalizar el síntoma, logrando con ello aminorar los sentimientos de culpa. Es una idea aceptada socialmente la influencia que ejercen los padres en la conducta de sus hijos, cómo ellos enseñan y a la vez son modelos para los muchachos, pero se requiere pensar un poco más para darse cuenta que también el comportamiento de los hijos influye y transforma a los padres. Quizá la forma más elocuente de ello es notar cómo un hijo, por más pequeño que sea, puede llevar al padre más ocupado y duro a terapia, o cómo puede trastornar y modificar la conducta de los padres escuchar lo que piensa su hijo respecto a ellos, a la familia y a la situación que está viviendo.

Precisamente por esto es conveniente mantener durante las entrevistas una conversación exteriorizadora, donde el síntoma no se adhiera a la persona. Como señala White y Epston (1993): "la conducta problemática se exterioriza de manera que favorezca una discusión detallada y sincera" (p. 128).

Si la joven ha intentado suicidio porque, según ella refiere, se sintió sumamente deprimida cuando su novio la dejó (sustituyo aquí la palabra depresión por "una enorme tristeza" ocasionada por la pérdida de una relación afectiva) podríamos preguntar:

¿Cuándo se produce la tristeza? Esta pregunta da indicios sobre regularidades: a qué hora del día, en qué momento de la semana se manifiesta la tristeza de manera más profunda o aparece con mayor frecuencia.

¿Desde cuándo apareció la tristeza? Nos da información sobre el tiempo que ha transcurrido desde el momento en que el novio la dejó y empezó a invadirla a ella la pena y la tristeza.

¿Quiénes están presentes cuando ocurre la enorme tristeza? Esta pregunta nos informa sobre regularidades en cuanto a interacciones, quiénes están presentes y qué dicen los demás cuando a ella la invade la tristeza.

¿Qué le está impidiendo hacer la tristeza? Cómo la tristeza ha impedido que la joven realice sus actividades cotidianas y qué podría hacer cuando el problema estuviera resuelto. Esta cuestión tiene relación con la "pregunta del milagro" propuesta por Steve de Shazer (1991).

¿Cómo la tristeza ha afectado su vida y las relaciones de ella con los demás? Esta es una pregunta que permite dar cuenta de la manera como el problema ha interferido en su vida cambiando el rumbo de los sucesos y cómo ha afectado su relación con la gente que la rodea.

¿Cuándo es que no aparece la tristeza? Se pregunta por las excepciones a la regla del problema, a pesar de las generalizaciones que pueden existir al describir el problema, al emplear las palabras "siempre" o "nunca". Es predecible que haya momentos en que no sucede la conducta problema, a esas excepciones pocas veces se les da atención durante la terapia y, desde esta forma de trabajo, esto es lo que hay que enfatizar.

¿Cuáles son las explicaciones que se da a sí misma sobre la tristeza? La mayor parte de la gente se da a sí misma una serie de razones de por qué le pasa lo que le pasa, esas explicaciones y marcos de referencia hay que conocerlos porque pueden ser de ayuda para la terapia o pueden también ser un obstáculo para la misma.

¿Qué ha hecho ella o las personas que la han tratado de ayudar para salir de la tristeza y la pena? Las respuestas a esta pregunta nos marcan todo aquello que no debemos hacer, porque ella o su familia ya lo hicieron y no les dio resultado y también nos señalan la posibilidad de utilizar nuevos caminos hacia el cambio.

¿Cómo se dará cuenta que la tristeza y la pena han dejado de estar presentes en su vida? Esta pregunta ayuda a la persona a clarificar sus ideas respecto a la meta y también le permiten ir construyendo una visión más clara sobre el futuro. Varias de estas preguntas, quizá formuladas de forma un poco diferente, han sido empleadas originalmente en los modelos de terapia breve desarrollados por De Shazer (1991) y O'Hanlon (1995).

Algunas tareas que ayudan a resolver las crisis

En estos modelos sistémicos se utiliza que el terapeuta recurra a proponer tareas a los clientes, con el fin de que durante la semana sigan pensando en la terapia y el camino hacia la solución se acorte. Algunas de las tareas que me gusta proponer es pedirle a la persona que escriba, que construya, que haga algo distinto, que realice un ritual.

Escribir como una herramienta útil

Se ha demostrado con distintas investigaciones que cuando una persona ha sufrido una crisis si escribe quince minutos diarios por espacio de una semana sobre sus sentimientos y emociones, este simple hecho tiene relación con una disminución del dolor, reducción de las visitas al médico, incremento de las células T, mejoras en el funcionamiento pulmonar, menos síntomas de ansiedad y depresión (Pennebaker, 1994).

Según O'Hanlon (2004) escribir durante las crisis, a pesar de que esta acción puede resultar sumamente dolorosa al estar diariamente recordando lo sucedido, a la larga resulta benéfica para aliviar las emociones dolorosas y permite alcanzar una perspectiva positiva sobre lo ocurrido.

Durante este ejercicio se le pide al paciente que busque un lugar íntimo y un momento del día en que pueda estar cómodo y solo, y escriba sincera y abiertamente sobre sus sentimientos más profundos con relación a la crisis por la que está atravesando. No tiene que escribir durante mucho tiempo, bastan unos cuantos minutos, pero sí es importante que lo haga diario por espacio de una semana, sin que le dé importancia en esos momentos a la redacción o la ortografía, dándole prioridad a la expresión de sentimientos. Por último, se le recomienda que si le es posible, escriba también sobre lo que ha aprendido de la situación crítica, es decir, cuáles han sido los beneficios de la crisis.

Escribir cartas para otros o para uno mismo

Los teóricos del modelo de narrativa (White y Epston, 1993) recomiendan también escribir cartas, que no necesariamente requieren ser enviadas, ya sea para otras personas con las que se piense que es necesario aclarar, reconocer, asumir o decir algo que no se ha dicho. También se recomienda escribir cartas dirigidas a uno mismo como si fuese una persona diferente, una persona que ha cambiado por efecto de la crisis. Esas cartas se pueden escribir para abrirse después de uno o varios años posteriores al suceso, en ella el cliente puede darse consejos para que no le vuelva a ocurrir una crisis parecida, o también puede narrar qué podría hacer si ocurriera de nuevo algo parecido.

Ejercicios de imaginación sobre un futuro distinto

Es muy útil recomendarle al cliente que piense o, si le es más fácil, que imagine como si esto lo viera en una pantalla, una serie de imágenes sobre situaciones diferentes a las que ha vivido, esto ayuda a concentrarse en una solución potencial y a no fijarse en los problemas. O'Hanlon (1995) dice que "el simple acto de construir una visión de la solución obra como catalizador para generarla" (p. 119). Esta idea pertenece originalmente al modelo de hipnosis desarrollado por Milton Ericson, quien decía que la imaginación dirigida es un buen aliado terapéutico, al mismo tiempo que alertaba sobre el hecho de que la mayor parte de los "problemas psicológicos" por los que las personas asisten a terapia o por lo que sufren y se agobian, son eventos imaginados, que quizá incluso no tienen probabilidades reales de ocurrencia.

Es muy útil recomendarle este tipo de ejercicio a un joven que ha estado pensando que la vida no tiene sentido. Pedirle que por espacio de quince minutos piense en la posibilidad de que el problema que ahora le aqueja haya desaparecido, en que el centro de su preocupación se desvanece, en que las cosas pudieran ser diferentes de como ahora son.

Pedirle que realice un ritual

Un ritual es un comportamiento que se realiza a través de una serie de pasos que conducen hacia un final previamente determinado. Durante la vida todos, por el hecho de vivir en grupos sociales, realizamos una serie de rituales correspondientes a la cultura en la que participamos. Hay rituales de pasaje, como son, por ejemplo, la fiesta de quince años, una boda, un entierro, etcétera, que marcan la terminación de una época y el inicio de otra. O'Hanlon (2005) habla de dos tipos de rituales que pueden ayudar en época de crisis: *1)* rituales de conexión y estabilidad y *2)* rituales de transición. En el primer caso se busca que el cliente encuentre la tranquilidad que ha perdido y ayuda a conectarse de nuevo con sus seres queridos, por ejemplo, hacer una comida familiar cada fin de semana, salir con la pareja una tarde para realizar distintas actividades, hablar por teléfono cada tercer día con una persona de su directorio personal, etcétera. Hay que buscar con el cliente de qué manera puede restablecer el contacto consigo mismo y con los demás.

Mientras que en el segundo caso, los rituales de transición tienen como objetivo alejar al cliente de un comportamiento o de una situación que ya no funciona, en ocasiones esto se logra al escribir sobre el trauma o sobre las cosas o circunstancias que hay que dejar atrás y al quemar después el escrito; enterrar o romper el objeto que represente o esté relacionado con lo que hay que dejar atrás.

En esta forma de terapia no hay un modelo único, no se puede trabajar con el cliente como si uno tuviera un mapa de carreteras y supiera con claridad por dónde y hacia dónde debe de conducir. Las teorías ayudan y las estrategias de tratamiento son como pequeñas rutas ya transitadas, pero lo más adecuado es interesarse realmente por la persona que está sufriendo, escucharla con toda la atención posible y permitir que las preguntas surjan de una curiosidad legítima y que partan de "aceptar al otro como un legítimo otro en convivencia con uno", que implica necesariamente un proceso amoroso, como diría Maturana (1993).

Bibliografía

Albiac, G. *La muerte. Metáforas, mitologías y símbolos*. Barcelona: Paidós (Col. Biblioteca del Presente, 5).

Bateson, G., *et al.* (1984). *La nueva comunicación*. Barcelona: Kairós.

Bello, M., Puentes, R.E., Medina-Mora, M.E., y Lozano R. (2005). Prevalencia y diagnóstico de depresión en población adulta en México. *Revista salud pública de México, 47*, suplemento 1, 4-11.

Bello, Q.A. (2006). *Ficciones sobre la muerte*. Puebla: Escuela Libre de Psicología.

Boff, L. (2004). *La crisis como oportunidad de crecimiento*. Bilbao: Sal Térrea.

Bowen, M. (1989). *La terapia familiar en la práctica clínica, II*, Bilbao: Desclee de Brouwer.

Bucay, J. (2006). *Hojas de ruta*. Buenos Aires: Editorial del Nuevo Extremo, 6ª reimpresión.

Carter, B., y McGoldrick, M. (1988). *The changing family life cycle: A framework for family therapy*. Boston, M.A.: Allyn y Bacon, 2ª ed.

De Shazer, S. (1991). *Claves para la solución en terapia breve*. Barcelona: Paidós.

Eguiluz, R.L. (1995). Una reflexión sobre la conducta suicida desde el marco de la terapia familiar. *Psicología iberoamericana, 3*(1), 18-22.

—— (1996). Las ideas de suicidio en los jóvenes y el funcionamiento familiar. *Revista Familia, 2*, Centro Universitario de Estudios de la Familia, Tlaxcala, México, enero-junio, 35-41.

—— (1999). La supervisión en los diplomados de Terapia Familiar de la ENEP, Iztacala. *Revista psicología iberoamericana, Nueva época, 7*(2), junio, 27-33.

—— (2001). *La teoría sistémica: alternativas para investigar el sistema familiar*. México: UNAM, Universidad Autónoma de Tlaxcala.

—— (2003). *Dinámica de la familia. Un enfoque psicológico sistémico*. México: Pax.

—— (2003). Ideación suicida. *Revista perspectivas sistémica, 15*(78), septiembre-octubre, Buenos Aires, Argentina, 3-9.

—— (comp.) (2004). *La terapia familiar su uso hoy en día*. México: Pax.

——, Nyffeler, G.E., Alcántara, M.G., y Chávez, Ch.S. (En prensa). La ideación suicida en jóvenes y el clima social familiar. *Revista Sistemas Familiares de la Asociación de Psicoterapia Sistémica de Buenos Aires*.

Ficino, M. (1995) *Sulla vita*. Milán: Rusconi.

Freeman, J., y Combs, G. (1996). *Narrative therapy: The social construction of preferred realities.* Nueva York: Norton.

Freeman, J.; Epston, D., y Lobovits, D. (2001). *Terapia narrativa para niños. Aproximación a los conflictos familiares a través del juego.* Barcelona: Paidós (Col. Psicología, Psiquiatría y Psicoterapia, 201).

Freud, S. (1990). *Obras completas.* Buenos Aires: Amorrortu.

Heker, L. (2003). *Diálogos sobre la vida y la muerte.* Buenos Aires: Aguilar.

Jaramillo, A. (2003). *El enigmático suicidio.* Buenos Aires: Ediciones Cooperativas (Col. Salud Comunitaria).

Kübler-Ross, E. (1985). *Una luz que se apaga.* México: Pax.

—— (2001). *Sobre la muerte y los moribundos.* Barcelona: Grijalbo-Mondadori.

Lambert, M.J., y Arnold, R.C. (1987). Research and supervisory process. *Professional Psychology: Research and Practice, 18,* 3, 217-224.

López, C.M. (1998). *La supervisión en la psicoterapia. Modelos y experiencias.* México: Universidad Iberoamericana Golfo Centro (Col. Separata).

Mann, J.J., Waternaux, C.M., Hass, G.L., y Malone, K.M. (1999). Toward a clinical model of suicidial behavior in psychiatric patients. *American Journal Psychiatric, 156,* 181-189.

Maturana, H., y Vender-Zoller, G. (1993). *Amor y juego. Fundamentos olvidados de lo humano.* Santiago de Chile: Instituto de Terapia Cognitiva.

McNamee, S., y Gergen, K.J. (comps.) (1995). *La terapia como construcción social.* Barcelona: Paidós.

Miller, M., y Hester, R. (2003). Treating alcohol problems. Toward and informed eclecticism. In R.K. Hester y M.R. Millar (eds.). *Handbook of alcoholism treatment approaches,* 3ª ed., 1-12, Pearson Education, Inc.

Minuchin, S. (1989). *Familias y terapia familiar.* México: Gedisa.

Morin, E. (1999). *El hombre y la muerte.* Barcelona: Kairós, 2ª ed.

Neimeyer, R.A. (2002). *Aprender de la pérdida. Una guía para afrontar el duelo.* España: Paidós (Col. Saberes cotidianos, 31).

O'Connor, N. (1994). *Déjalos ir con amor. La aceptación del duelo.* México: Trillas.

O'Hanlon, B. (2005). *Crecer a partir de las crisis. Cómo convertir una situación difícil o traumática en una oportunidad de cambio personal, 224,* Barcelona: Paidós.

Organización Mundial de la Salud (2004). *Guías para el diseño, implementación y evaluación de sistemas de vigilancia epidemiológica de lesiones.* Ginebra: OMS.

Pennebaker, J. (1994). *El arte de confiar en los demás.* Madrid: Alianza.

Pérez Valera, V.M. (1996). *El hombre y su muerte.* México: Editorial Jus.

Poch, C., y Herrero, O. (2003). *La muerte y el duelo en el contexto educativo. Reflexiones, testimonios y actividades*. Barcelona: Paidós Ibérica (Col. Papeles de Pedagogía, 59).

Quintanar, O.F. (2007). *Comportamiento suicida: Perfil psicológico y posibilidades de tratamiento*. México: Editorial Pax México.

——, García Reyes, L.C., Puente, P.I., Robles, F.L., y Bazadúa, M.L. (En prensa). *Análisis retrospectivo y comparativo de las muertes en serie de ancianos institucionalizados en dos casas hogar de México en el periodo de 1992-2002*.

Roy, A. (1991). A suicide in twins. *Arch. General of Psychiatry, 48*, 29-32.

Tomm, K. (1988). Interventive interviewing: Part III. Intending to ask lineal, circular, strategic of reflexive questions? *Family process, 27*, 1-15.

Valadez, I., Quintanilla, R., González, N., y Amezcua, R. (2005). Cartas al editor. El papel de la familia en el intento suicida del adolescente. *Revista Salud Pública de México, 47* (1), 1-2, enero-febrero.

Viorst, J. (1990). *Pérdidas necesarias*. Barcelona: Plaza y Janés Editores.

White, M., y Epston, D. (1993). *Medios narrativos para fines terapéuticos*. Barcelona: Paidós.

Worden, W.J. (1997). *El tratamiento del duelo: Asesoramiento psicológico y terapia*. Barcelona: Paidós (Col. Psicología, Psiquiatría y Psicoterapia, 163).

Capítulo 6

Atención médico-psiquiátrica de la persona con comportamiento suicida

*María Patricia Martínez Medina**
*Alfonso Arellano Echánove ***

L a Organización Mundial de la Salud estima que para el año 2020 aproximadamente 1.5 millones de personas morirán por suicidio y de 10 a 20 veces más lo habrán intentado. Esto significa una muerte cada 20 segundos, lo cual representa un problema alarmante que obliga al establecimiento de planes de intervención desde el punto de vista profesional.

Las causas de suicidio son cada vez más complejas y su valoración resulta una tarea ardua debido a las dificultades que entraña anticipar un comportamiento en el que interviene una gran cantidad de variables.

La dificultad también se determina por el propio concepto que entraña la conducta suicida, misma que va desde la ideación hasta el suicidio consumado en sí, lo cual impacta directamente para predecir el comportamiento autolesivo, la evolución y el tratamiento.

Por tanto, siendo la conducta suicida un fenómeno tan heterogéneo, mismo que obedece a un gran número de causas, es un poco aventurado tratar de establecer un único tratamiento médico o farmacológico, ya que en este proceso de aprendizaje nos queda claro que el mejor abordaje será sin duda el interdisciplinario.

Sin embargo, con base en los estudios clínicos sistemáticos relacionados con los eventos suicidas se podrían establecer algunos parámetros útiles para el acercamiento desde el punto de vista médico-psiquiátrico-farmacológico.

En adultos existen estudios que han mostrado que el suicidio invariablemente ocurre en personas con trastornos psiquiátricos (Robins *et al.*, 1959; Dorpat y Ripley, 1960; Barraclough *et al.*, 1974; Beskow, 1979;

* Médico psiquiatra por el Instituto Nacional de Psiquiatría "Dr. Ramón de la Fuente Muñiz"; médico cirujano y partero por la UMSNH; docente en esta misma institución y socio activo de la Asociación Psiquiátrica Mexicana, A.C.; jefe del área médica del Centro Michoacano de Salud Mental de la Secretaría de Salud estatal.
** Psicólogo docente en el Centro Michoacano de Salud Mental de la Secretaría de Salud estatal.

Chynoweth *et al.*, 1980; Rich *et al.*, 1986; Arato *et al.*, 1988; Runeson, 1989; Asgard, 1990; Cheng, 1995; Foster *et al.*, 1997). Con mayor frecuencia los trastornos depresivos (30-87%) y el abuso de sustancias (19-50%), mientras los trastornos de ansiedad son raramente encontrados en casos de suicidio (<5%). Los trastornos psicóticos como la esquizofrenia son diagnosticados entre 2% y 13% de los suicidios. Muchos de estos trastornos son tratables, particularmente la depresión y los datos epidemiológicos sugieren que el tratamiento con antidepresivos tiene alto potencial para prevenir el suicidio en personas deprimidas (Isacsson *et al.*, 1996, 1997; pp. 18 y 19).

En el caso de los adolescentes la patología psiquiátrica también se ha reportado como factor de riesgo para la conducta suicida, llegándose a indicar que los trastornos afectivos y por ansiedad incrementan el riesgo de presentar esta conducta. Los estudios que apoyan estas reflexiones identifican 70% de depresión mayor y 90% de ansiedad severa en quienes cometen suicidio. Los trastornos afectivos y ansiosos de moderada severidad, las reacciones transitorias de ajuste, la ansiedad como rasgo de personalidad y las características obsesivas han sido descritas como factores de riesgo para el suicidio (González, 1995).

En un trabajo de Clarkin (*et al.*, 1984) se informa que los diagnósticos psiquiátricos encontrados en pacientes adolescentes con intentos suicidas fueron: trastorno depresivo mayor, 71%; episodio maniaco, 13%, y 16% fue de trastornos afectivos depresivos de tipo esquizoafectivo y trastornos depresivos menores. Estos trastornos estuvieron asociados con el consumo de alcohol y drogas de manera importante en 25% y 33%, respectivamente.

Kerfoot (1996), en un estudio realizado en pacientes entre 11 y 16 años de edad con intento suicida por sobredosis de medicamentos, informa la presencia de las siguientes patologías mentales: trastorno depresivo mayor (67%), distimia (27%), trastorno desafiante oposicionista (35%), trastornos de conducta y de ansiedad (22%) y el abuso de sustancias (7%).

Pacientes que incurren en conductas autolesivas impulsivas a menudo cumplen con criterios-diagnóstico para trastornos de personalidad del grupo B (límite, antisocial) o para trastornos de la conducta alimentaria, tales como bulimia y anorexia.

Estos reportes son de utilidad en el sentido de que si bien no existe un planteamiento único farmacológico para tratar la conducta suicida *per se*, se puede abordar con base en la psicopatología que la acompaña la mayoría de las veces, ya que de acuerdo con otras estimaciones se encuentra que un suicidio consumado aparece relacionado a psicopatología en 90%. Esto hará necesario por tanto realizar una exhaustiva historia clínica psiquiátrica donde podamos encontrar tanto datos del padecimiento actual como de la salud mental previa, incluidos antecedentes de importancia dentro de los personales y familiares.

De esta manera la unificación de los criterios para trabajar en cualquier especialidad médica se vuelve necesaria, sobre todo con relación al establecimiento de protocolos de acción; en este sentido serían determinantes, ya que con frecuencia los profesionales de la salud mental, al igual que los profesionales en los servicios de urgencias; se encuentran confundidos con relación a una actuación rápida y el manejo que será dado al paciente cuando sea egresado del servicio. Sin duda lo que siempre se espera como meta ideal es la posibilidad de potenciar las redes de apoyo extrahospitalarias, lo cual implicaría una descongestión en los servicios de urgencias, la prevención de recaídas y como resultado un menor numero de hospitalizaciones, muchas de las cuales pudieran ser innecesarias, lo cual genera un gasto económico y moral.

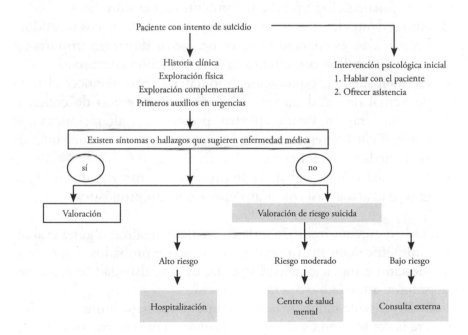

Figura 6.1

Desde aquí el tratamiento de la conducta suicida se empieza a particularizar dependiendo del servicio donde sea atendida y de acuerdo con algunos algoritmos que han sido descritos, como el que mostramos a continuación.

Dentro de las pautas médico-psiquiátricas es necesario establecer de manera clara una entrevista clínica que incluya lo siguiente:

a. Ficha de identificación: nombre, edad, sexo, estado civil, ocupación, escolaridad, religión, familiar responsable.

b. Padecimiento actual: desde cuándo se siente mal, averiguar datos que orienten a psicopatología actual, así como las características de la conducta suicida, es decir, si hay o hubo ideación, cómo fue el intento, que método utilizó, bajo que condiciones (grado de conciencia), factores desencadenantes, previsiones con relación a ser auxiliado, razones para vivir o morir, sensación actual posterior al intento.

c. Antecedentes psiquiátricos o salud mental previa: intentos previos, psicopatología previa, tratamientos anteriores.

d. Antecedentes familiares de padecimientos psiquiátricos o conductas suicidas: es conocido que es un factor de riesgo importante tener un familiar con intento suicida o suicidio consumado.

e. Examen mental: exploración psiquiátrica, para conocer el estado actual de salud mental del entrevistado, grado de conciencia, cooperación, estado afectivo, presencia de alteraciones en el pensamiento, alteraciones de la sensopercepción, conciencia de enfermedad, funciones mentales, etcétera.

f. Impresión clínica global: La impresión del entrevistador sobre la gravedad actual, así como una aproximación pronóstica.

Durante la entrevista realizada sería conveniente realizar alguna evaluación clinimétrica con instrumentos previamente probados como escala de ideación e intencionalidad suicida, de impulsividad, mediciones de depresión, ansiedad, etcétera.

Es indispensable también evaluar con qué recursos humanos contamos para la contención en el hogar, así como en otros espacios donde el paciente se pueda encontrar.

El establecimiento del riesgo suicida siempre es prioritario, en función de establecer alternativas terapéuticas, por tanto hablamos de riesgo alto, moderado y bajo.

Alto riesgo: Predominantemente varón con edades inferiores a los 25 o mayores de 50 años, sin pareja estable, con tendencia al aislamiento social, con antecedente de ideación suicida estructurada o incluso gestos previos, con ideas de desesperanza, baja autoestima, con relación al método pensado o utilizado que sea de alta letalidad, como el ahorcamiento o uso de arma de fuego, con poca oportunidad de rescate. Las circunstancias objetivas del intento están muy elaboradas, sin comunicación a otras personas aun cuando se puede incluir nota suicida o arreglos en cuanto a testamento. El propósito suicida es firme, sin frenos a la acción, con un método específico, una actitud de aceptación, conciencia de la gravedad del hecho y una clara intención de morir con relación al último intento (actual).

Riesgo moderado: Hombres como mujeres con edades comprendidas entre 30 y 40 años, solteros, con algún intento previo, con moderada desesperanza, con un método de moderada letalidad y severidad, con posibilidad de reversibilidad. Con la posibilidad de ser rescatado antes de las tres horas posteriores al evento. Las circunstancias objetivas del intento tendrían una preparación mínima, con un aislamiento no necesariamente estricto, la posibilidad de escribir una nota suicida y de entablar comunicación respecto a la misma. El propósito tiene menor firmeza que en el caso anterior, con algunas preocupaciones y condiciones que pudieran interferir en su decisión. El método puede estar pensado más no decidido, con una conciencia poco clara de la gravedad del hecho, con inseguridad ante la decisión.

Bajo riesgo: En mayor medida mujeres con edades comprendidas entre 15 y 24 años, en el caso de los hombres sería con las mismas edades. El estado civil sería indiferente, sin antecedentes de autolesiones y con sentimientos de desesperanza menores o nulos. La letalidad del método sería mínima con alta posibilidad de ser rescatado antes de una hora pasado el evento. Las circunstancias objetivas del intento son con comunicación abierta del suceso, puede ser sin preparación es decir de carácter impulsivo, donde el propósito de morir es poco claro, sin especificidad en el método, con dudas amplias con relación a la muerte, incluso con rechazo a la misma, sin intención de quitarse la vida.

Ya teniendo una valoración del riesgo suicida, así como la historia clínica elaborada se procederá a sugerir el tratamiento más adecuado para cada paciente, con la particularidad que requiera cada abordaje.

Será necesario establecer el mejor tratamiento de acuerdo con la sintomatología adyacente, por ejemplo: para un trastorno depresivo asociado el uso de antidepresivos, para un episodio de manía el uso de estabilizadores, en caso de un trastorno de ansiedad el uso de antidepresivos y ansiolíticos.

No debemos olvidar sin embargo que habrá otras herramientas farmacológicas cuya amplitud terapéutica nos sea de utilidad sin que se trate de un padecimiento en concreto.

Además de la contención que deberá de brindarse de manera hospitalaria o ambulatoria, de acuerdo con las consideraciones del equipo terapéutico.

Neurotransmisores y conducta suicida

Hablar de conducta suicida desde un punto de vista meramente biológico implica hablar de neurotransmisores (sustancias cerebrales), mismas que se relacionan a últimas fechas con la gran mayoría si no es que con todas las enfermedades mentales descritas hasta el día de hoy. Aun así es complicado llegar a un consenso y a una sola teoría que explique estos fenómenos. Por lo cual trataremos de ser lo menos complicados al hablar de ello.

Serotonina

En estudios *in vivo* y *postmortem* se han identificado relaciones entre los niveles de este neurotransmisor llamado serotonina así como con su metabolito conocido como 5-HIAA (ácido 5-hidroxiindolacético), con patologías mentales como en el caso de la depresión y trastornos ansiosos, sin embargo, el interés de valorar la relación de estas sustancias con la conducta suicida ha dado pie a algunas investigaciones, las cuales no son del todo concluyentes, no obstante destacan algunos de estos estudios. En estudios *postmortem* de personas que cometieron suicidio comparados con un grupo-control, se advirtieron bajas concentraciones de serotonina y de 5-HIAA en líquido cefalorraquídeo. Los últimos estudios *postmortem* denotan una disminución de la actividad serotoninérgica cerebral presináptica, la cual se acompañaría de una compensación postsináptica con aumento del número de receptores a serotonina.

Otras investigaciones realizadas en personas con conductas suicidas y grupos-control han mostrado una disminución de la concentración de serotonina y 5-HIAA en líquido cefalorraquídeo, con el agravante de que quienes han tenido intentos más violentos se encuentran dentro de este grupo, lo que hace suponer que la violencia se encuentra relacionada con esta disminución del neurotransmisor (Bobes *et al.*, 2006).

En los estudios de neuroimagen funcional, se ha identificado que la corteza orbitofrontal tiene importancia en la modulación de los impulsos agresivos, esta área recibe ricas inervaciones serotoninérgicas provenientes del núcleo del rafé dorsal y es aquí donde se ha realizado la más reciente investigación, ya que es factible identificar las vías de acción, así como el metabolismo real del cerebro y de los neurotransmisores. En investigación de neuroimagen funcional con relación a serotonina, algunos estudios han podido establecer que un decremento en la función serotoninérgica se encuentra asociado con el incremento de la impulsividad, incremento de la agresión y de la suicidalidad. Aun así existen estudios que no corroboran estos resultados, con lo cual esto continúa siendo controversial.

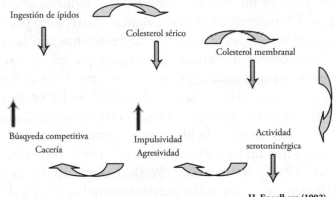

Figura 6.2

Colesterol

Se tienen estudios en los que se relaciona al colesterol sérico con la serotonina y ésta a su vez con la posibilidad de desencadenar conductas impulsivas y agresivas.

Este modelo animal de Engelberg intenta explicar cómo es que la disminución en la ingesta de lípidos condicionaría una disminución del colesterol en la sangre, lo que determina que el colesterol de la membrana celular también disminuya, con ello la actividad serotoninérgica se vería afectada a la baja, generando en el animal de estudio el incremento de la impulsividad y agresividad con la finalidad de conseguir alimento mediante una búsqueda competitiva o bien la cacería, sin embargo, transpolando este modelo al hombre, se podría observar que el humano no necesita propiamente cazar, ni tener una búsqueda competitiva del alimento, pero sí de otras "necesidades" o simplemente se generaría un incremento de la conducta violenta, lo cual pudiera explicar las conductas autolesivas.

Dopamina y noradrenalina

Estos otros neurotransmisores junto con sus metabolitos: ácido homovanílico (HVA) y el 3-metoxi-4-hidroxifenilglicol (MHPG), respectivamente, son otras sustancias que se han tratado de relacionar con las conductas autolesivas, aun cuando los estudios son menos que los realizados a nivel serotoninérgico, así que lamentablemente son poco concluyentes también. En el caso particular de la noradrenalina se ha encontrado una correlación directa entre las concentraciones de MHPG en líquido cefalorraquídeo con extroversión y la historia de impulsos agresivos, en comparación con los que no las tenían (Roy *et al.*, 1989; Brown *et al.*, 1979; Gardner *et al.*, 1990; Linoila *et al.*, 1983). Siever y Trestman (1993) reportaron también una correlación positiva entre los niveles de norepinefrina en plasma y la impulsividad en hombres que padecen trastorno de personalidad.

Opioides

El sistema opioide endógeno también ha sido estudiado con relación a las conductas autolesivas y la personalidad límite, donde se ha propuesto el efecto alterado sobre la percepción del dolor, el trastorno límite de personalidad se ha relacionado con algunas otras psicopatologías como los trastornos depresivos, trastornos de alimentación y estrés postraumático, mismos que llegan a asociarse a respuestas disminuidas en el dolor. Existe evidencia de que el sistema opioide endógeno está relacionado con la percepción dolorosa, particularmente en la analgesia inducida por estrés.

Con relación a las teorías propuestas sobre las conductas autolesivas en humanos se encuentra la hipótesis de la "adicción" y la del dolor. La hipótesis de la "adicción" sugiere que existen esencialmente opioides endógenos normales, mismos que han sido crónicamente sobreestimulados por una conducta autolesiva frecuente con el propósito de aliviar la disforia. De manera individual se ha demostrado una tolerancia al efecto opioide endógeno, lo cual genera una reacción de abstinencia y conduce a una estimulación mayor del sistema opioide endógeno bajo el mecanismo de nuevas conductas autolesivas (Richardson y Zaleski, 1983, 1986; Sandman *et al.*, 1983; Barron y Sandman, 1985).

Es con base en estas teorías neurobiológicas y la experiencia clínica que se han establecido abordajes terapéuticos, aun cuando no hay un algoritmo como tal para el tratamiento farmacológico aprobado por la FDA (U.S. Food and Drug Administration).

Para lo cual han sido utilizados diversos fármacos, entre ellos: antidepresivos (ISRS, ISRNa, tricíclicos, IMAO), estabilizadores del ánimo y anticonvulsivantes, antipsicóticos o neurolépticos, benzodiacepinas, respecto a los cuales abordaremos algunas generalidades:

Antidepresivos

Antidepresivos inhibidores selectivos

Se ha generado controversia debido a algunos informes y comunicados con relación al incremento del riesgo de empeoramiento de la depresión y el incremento en la conducta suicida en pacientes que han sido tratados con antidepresivos, principalmente del tipo de los inhibidores selectivos de recaptura de serotonina (ISRS) y de noradrenalina (ISRNa), en adolescentes, considerándolos riesgosos especialmente al inicio de la terapia o cuando se incrementan las dosis. En un estudio realizado examinando expedientes clínicos en un lapso de 11 años, así como datos de las muertes e información de las altas hospitalarias tratando de evaluar riesgos suicidas relacionados con el uso de antidepresivos, se encontró que el riesgo de suicidio consumado no fue más alto en el primer mes del uso del medicamento que en los subsecuentes (Simon *et al.*, 2006).

Los datos de varios estudios más no demuestran que el tratamiento con antidepresivos reduzca el riesgo suicida todavía de manera definitiva, sin embargo, al tomar en cuenta que las conductas suicidas se asocian de manera importante a los trastornos depresivos se ha considerado que la eficacia que estos mismos ofrecen a estos padecimientos es importante, así como en el caso de los trastornos de ansiedad, donde también se han considerado, lo cual respalda la administración de estos medicamentos a personas que padecen de esta sintomatología.

Bostic (2006) comenta que en el caso de niños y adolescentes se suscita una clara necesidad de disponer de tratamientos bien tolerados y eficaces para la depresión. Aunque se dispone de algunas pruebas de la eficacia de los ISRS en esta población, los datos de otros análisis han asociado el tratamiento antidepresivo con un aumento en el riesgo de suicidalidad. No obstante, este riesgo debe sopesarse con aquellos asociados a la depresión no tratada, precisando evaluar los riesgos relativos del tratamiento en comparación con su ausencia y ponerlos en el contexto de los datos epidemiológicos que sugieren una disminución en las tasas de suicidio entre adolescentes, coincidente con el aumento de la prescripción del ISRS.

De igual manera es importante considerar antidepresivos que impliquen un riesgo bajo en caso de sobredosis aguda, como es el caso de los inhibidores selectivos. En el caso de administrarlos deberán ser en dosis moderadas y sobre todo vigilar en el caso de que se trate de un paciente nuevo o desconocido.

Antidepresivos tricíclicos (ADT)

Los tricíclicos no han sido estudiados específicamente como tratamiento para conductas autolesivas impulsivas, sin embargo, no queda duda en su eficacia para los trastornos depresivos y ansiosos.

Algunos de los estudios realizados con algunos de estos antidepresivos como es el caso de la amitriptilina, han encontrado "diferentes impresiones", donde ciertos pacientes empezaron a empeorar, manifestándose por ansiedad, hostilidad, agitación, experiencia disociativas y conducta impulsiva (Soloff *et al.*, 1986a).

Los problemas adicionales asociados al uso de tricíclicos son los efectos adversos, como la ganancia de peso, molestias gastrointestinales, efectos cardiovasculares, pero sobre todo el riesgo de alta letalidad en el caso de sobredosis, la cual pudiera presentarse en el caso de pacientes con trastorno límite de personalidad y algunos otros grupos de pacientes impulsivos.

Antidepresivos inhibidores de la monoaminoxidasa (IMAO)

Estos medicamentos han demostrado eficacia en los pacientes con trastornos depresivos y ansiosos. Existen estudios controvertidos de mejoría de los síntomas que acompañan al trastorno límite de personalidad. Sin embargo, el que los estudios sean tan poco consistentes aunados a los riesgos por sobredosis, así como las interacciones con la dieta y otros fármacos, los hacen poco útiles en estos pacientes. En el caso de México no contamos con estos medicamentos en el mercado.

Estabilizadores del ánimo y anticonvulsivantes

En este grupo de fármacos encontraremos al litio, carbamacepina, ácido valproico, principalmente. El litio se ha estudiado desde hace varios años por sus propiedades en el tratamiento del trastorno bipolar, como estabilizador del ánimo, así como también en un llamado trastorno de inestabilidad emocional, precursor del trastorno límite de personalidad (Rifkin *et al.*, 1972), ofreciendo buena respuesta a la sintomatología impulsiva.

Diversos estudios le atribuyen la capacidad de reducir riesgo suicida en pacientes bipolares (Nilsson *et al.*, 1989; Rucci *et al.*, 2002), cuyo efecto se pone de manifiesto en el tratamiento a largo plazo; para otros autores es el único tratamiento psicofarmacológico con efecto antisuicida demostrado (Tondo *et al.*, 2001). Distintos metaanálisis (Baldessarini *et al.*, 2001; Tondo *et al.*, 2001) demuestran una importante reducción de las tasas de suicidio durante el tratamiento de mantenimiento y un incremento significativo de la conducta tras la descontinuación del mismo.

Sin embargo. el litio pudiera presentar contrariedades durante el tratamiento, como temblor, aumento de peso y en sobredosis resulta letal, requiriendo monitoreo de niveles plasmáticos con relativa frecuencia, lo cual implica una vigilancia estrecha por parte del clínico y colaboración adecuada del paciente ante la presencia de efectos secundarios.

La eficacia de los anticonvulsivos en el control de la agresividad epiléptica justifica su utilización en otras formas episódicas de impulsividad.

La carbamazepina, bien conocida por sus propiedades anticonvulsivas, ha demostrado ser también efectiva en el tratamiento del trastorno bipolar. Específicamente sobresale un estudio cruzado que reporta un decremento significativo de la frecuencia y severidad de la irritabilidad y de la conducta agresiva así como una mejoría del estado de ánimo y de la ansiedad (Cowdry *et al.*, 1988).

Algunos problemas del uso de la carbamacepina son: reacciones alérgicas que llegan a ser tan importantes que es necesario descontinuar el tratamiento. En menor frecuencia pudiera presentarse anemia aplásica, lo cual implica tener un control de laboratorio frecuente para los pacientes bajo tratamiento con carbamacepina.

El uso de ácido valproico, al igual que la carbamazepina, se inicia fundamentalmente como tratamiento anticonvulsivo. No obstante también se han comprobado sus usos en el trastorno bipolar como un excelente modulador del ánimo. Hay estudios que apoyan su uso en la disminución de ansiedad, enojo e impulsividad. El valproato como estabilizador del estado de ánimo es mejor tolerado y más seguro que la carbamacepina, con menores efectos secundarios importantes, aun cuando se presenta ligera sedación, ganancia de peso y en pocos casos pérdida de pelo.

La lamotrigina, topiramato y gabapentina también han sido utilizados en el control de impulsividad, con resultados similares al resto de los anticonvulsivos.

Antipsicóticos

Tanto los antipsicóticos típicos como los atípicos han resultado ser de utilidad en el control de los comportamientos impulsivos autoagresivos y heteroagresivos. Su eficacia parece depender de sus efectos sobre los síntomas emocionales y cognitivos propios de las personalidades impulsivas. En general presentan un perfil seguro y con moderados efectos secundarios, lo cual los hace factibles en el uso de tratamientos a largo plazo en pacientes con características impulsivas. Sin embargo habrá que considerar algunos factores secundarios que pudieran interferir en la adherencia a los mismos, como el aumento de peso, sedación, en dosis mayores efectos extrapiramidales y a largo plazo disquinecia tardía.

Entre los antipsicóticos, también conocidos como neurolépticos, los que más se han estudiado en este ámbito con respuesta positiva han sido: haloperidol, trifluoperazina, clozapina, olanzapina y risperidona.

Benzodiacepinas

Los estudios con benzodiacepinas son contradictorios, la mayoría de ellos reporta datos de desinhibición o pro-agresión, sobre todo asociados al alprazolam en relación con el trastorno límite de personalidad (Gardner y Cowdry, 1985).

La posibilidad de adicción a las benzodiacepinas se exacerba cuando en la historia del sujeto se encuentra la presencia de abuso de alcohol u otras sustancias psicoactivas o bien de personalidad dependiente o límite.

Sin embargo, el uso de estos medicamentos no está de ninguna manera contraindicado, ya que pueden ser usados con precaución y pueden funcionar de manera adecuada en pacientes cuyas conductas autolesivas estén ligadas a ansiedad, ya que estos medicamentos pueden mejorar considerablemente los estados ansiosos.

Generalidades respecto del tratamiento psicofarmacológico

Es importante señalar que la formación de una alianza terapéutica con el paciente y la psicoeducación respecto a los efectos colaterales de su medicación, así como identificar síntomas blanco y tener expectativas realistas respecto a la respuesta del tratamiento son elementos indispensables a la hora de proporcionar atención médica a este tipo de pacientes.

El tratamiento farmacológico de tales pacientes debe ocurrir en un escenario de monitoreo psicoterapéutico debido a que el paciente pudiera incurrir en conductas autolesivas como respuesta a experiencias emocionales intensas, debido a su incapacidad o limitación para encontrar otros medios de regular la respuesta afectiva.

El déficit de experiencias interpersonales apropiadas y las dificultades en áreas como la confianza, autoestima, la regulación del estado anímico y el autocontrol no puede ser resuelto únicamente con medicación. Sin embargo, un tratamiento farmacológico apropiado pudiera controlar la intensidad de ciertas experiencias y crear un escenario más favorable para la psicoterapia y para generar cambios conductuales y caracterológicos de largo plazo.

Debido a que aproximadamente 60% de los pacientes incurre en conductas autolesivas-impulsivas, desarrolla intentos suicidas en algún momento de su vida, medicamentos cuyo margen de seguridad sea limitado deben administrarse con extremo cuidado o no administrarse, para no incurrir en una sobredosis letal.

Bibliografía

Arato, M., Demeter, E., Rihmer, Z., *et al.* (1998). Retrospective psychiatric assessment of 200 suicides in Budapest. *Acta Psychiatrica Scandinavica, 77,* 454-456.

Asgard, U. (1990). A psychiatric study of suicide among urban Swedish women. *Acta Psychiatrica Scandinavica, 82,* 115-124.

Baldessarini, R.J., Tondo, L., y Hennen, J. (2001). *Treating the suicidal patient with bipolar disorder, reducing suicidal risk with lithium.* Ann N.Y. Acad Sci, 932, 24-38.

Barraclough, B.M., Bunch, J., Nelson, B., *et al.* (1974). A hundred cases of suicide: Clinical aspects. *British Journal of Psychiatry, 125,* 355-373.

Barron, J.L., y Sandman, C.A. (1985). Paradoxical excitement to sedative-hypnotics in mentally retarded clients. *Am J Ment Defic, 90*(2), 124-129.

Beskow, J. (1979). Suicide and mental disorder in Swedish men 1970-71. *Acta Psychiatrica Scandinavica, 277,* 1-138.

Bobes, J., Sáiz, P., García-Portilla, M.P., Bascarán, M.T., y Bousoño, M. (2006). Comportamientos suicidas, prevención y tratamiento. *Ars Médica, I,* 61-69.

Bostic, J.M.D. (2006). *Tratamiento de la depresión en niños y adolescentes ¿Qué debe hacer el clínico?,* APA. México: Manual Moderno.

Brown, G.L., Ballenger, J.C., y Goyer, P.F. (1979). Aggression in humans correlates with cerebrospinal fluid metabolites. *Psychiatry Res 1,* 131-139.

Cheng, A.T.A. (1995). Mental illness and suicide. *Archives of General Psychiatry, 52,* 594-603,

Chynoweth, R., Tonge, J.I., y Armstrong, J. (1980) Suicide in Brisbane: A retrospective psychosocial study. *Australian and New Zealand Journal of Psychiatry, 14,* 37-45.

Clarkin, J., Friedman, R., Hurt, S., Corn, R., y Aronoff, M. (1984). Affective and character pathology of suicidal adolescent and young adult in patients. *Journal of Clinical Psychiatry, 45,* 19-22.

Dorpat, T.L., y Ripley, H.S. (1960). A study of suicide in the Seattle area. *Comprehensive Psychiatry, 1,* 349-359.

Engelberg, H. (1992), *339,* 727-729 (tomado de: *The neurobiology of suicide from the bench to the clinic,* D. Stoff, J.J. Mann, 75, 1997).

Foster, T., Gillespie, K., y McClelland, R. (1997). Mental disorders and suicide in Northern Ireland. *British Journal of Psychiatry, 170,* 447-452.

Gardner, D.L., Cowdry, R.W. (1985). Alprazolam-induced dyscontrol in borderline personality disorder. *American Journal Psychiatry, 42,* 98-100.

Capítulo 7

Los sobrevivientes o supervivientes

*Sergio A. Pérez-Barrero**

El término inglés "survivor" designa aquellas personas muy vinculadas afectivamente a una persona que fallece por suicidio, entre los que se incluyen familiares, amigos, compañeros e incluso el médico, psiquiatra u otro terapeuta que la asistía. La traducción de este vocablo puede ser el de superviviente, que es el que sobrevive y es también sinónimo de sobreviviente, que significa vivir uno después de la muerte del otro. Aunque esta palabra es muy utilizada en la terminología suicidológica, no sólo son sobrevivientes o supervivientes quienes sobreviven a un suicidio, sino que lo son también aquellos que sobreviven después de la muerte de un ser querido por una causa cualquiera, sea natural, por accidente u homicidio.

Son conocidas las reacciones que presentan los seres humanos ante la pérdida de seres queridos, las cuales reciben el nombre de duelo, y que se constituye por diversas etapas, diferentes según el investigador a que se haga referencia. Así para unos, el duelo consta de las siguientes etapas: negación, regateo, depresión y aceptación (Kübler, 1993).

Para otros la depresión, la rabia, el perdón y la aceptación conforman la reacción de duelo normal. Los terceros consideran la evitación, confrontación y restablecimiento como las etapas propias de este estado. También se han mencionado la catástrofe del Yo, agresión, búsqueda de indiferencia, huida hacia adelante, ideologización y aceptación.

Finalmente, las etapas del duelo normal son la negación, depresión, separación e individualización, ira y restablecimiento (Reyes, 1996).

---

* Médico psiquiatra y profesor titular de la Universidad de Granma, Cuba. Tiene amplia experiencia clínica en la prevención del suicidio y participa en consultorías para la Organización Panamericana de Salud y para la Organización Mundial de la Salud sobre este asunto. Ha publicado varios libros sobre el tema. Es miembro de múltiples organizaciones internacionales de suicidiología, y es fundador de la Sección de Suicidiología de la Asociación Mundial de Psiquiatría.

De estas propuestas, la más aceptada universalmente es la que considera la negación, rabia, regateo, depresión y aceptación como las etapas del duelo normal. A continuación serán descritas brevemente cada una de ellas.

La negación, como su nombre lo indica, es aquella reacción mediante la cual el sujeto no acepta la realidad tal cual es, la niega, no la reconoce como algo sucedido y son muy frecuentes las siguientes expresiones: "No puedo creerlo", "No puede ser", "No me digas que ha muerto", "Es imposible" y otras similares. En esta etapa el sobreviviente siente que la persona fallecida aún permanece con vida, que lo ocurrido no es cierto. Frecuentemente se acompaña de una tendencia al aislamiento, se evitan las relaciones interpersonales, prefiriendo el sujeto estar solo, aislado, a tener que dialogar o recibir visitas.

A la etapa de negación la continúa la de rabia, en la que los familiares del fallecido experimentan diversas emociones desagradables como la ira, el odio, la rabia propiamente dicha, irritabilidad desmedida que puede llegar a la agresividad física o verbal hacia los otros familiares, el personal médico tratante, las enfermeras, la institución, etcétera. En esta etapa se pueden establecer querellas en contra de los profesionales que atendieron el caso o contra la institución. También pueden suceder disputas entre los miembros de la propia familia y en no pocas ocasiones esta hostilidad puede dirigirse hacia el fallecido mediante expresiones como: "Por qué se fue y me dejó", "Por qué me abandonas" y otras similares, incluso al grado de golpear el cadáver, sacudirlo, blasfemar contra el occiso, etcétera. Todas estas emociones desagradables son expresión de un profundo desconsuelo, de una pena insoportable y nunca deben ser personalizadas, pues esta rabia es parte integrante de la reacción normal de duelo y responder defensivamente o con hostilidad, además de no ser lo correcto, demostrará un total desconocimiento de este tipo de reacción y sólo conseguirá incrementarla; permitirla, aceptarla, comprenderla es el mejor tratamiento para esta etapa (Rebolledo, 1998).

El regateo es la etapa que continúa en el duelo normal, la cual es breve y se trata, como su nombre lo indica, de un arreglo pactado, de manera simbólica, entre el superviviente o sobreviviente y el fallecido. El regateo se expresa mediante determinadas conductas, como puede ser la realización de determinados ritos religiosos para el descanso del fallecido y la paz de los familiares.

La depresión es una de las etapas más dolorosas del duelo, con mayor intensidad durante las dos primeras semanas, en las que las personas sienten una profunda tristeza, llanto, poco o ningún deseo de comunicarse con otras personas ajenas a los familiares más cercanos, trastornos del sueño, anorexia y sentimientos de culpa, los cuales se expresan por constantes cuestionamientos de la conducta seguida con el fallecido: "Si lo hubiera ingresado en tal hospital en vez de en esa (la institución en la que falleció)", "Si yo me hubiera dado cuenta antes, eso no hubiera ocurrido" y otros reproches similares. No es infrecuente que en esta etapa se piense que realmente no se hizo todo lo que debía hacerse.

La aceptación es la próxima y última etapa del duelo normal. Significa admitir responsable y libremente que la vida y la muerte son un par dialéctico inseparable y que el morir es consustancial a la vida. En la aceptación, el familiar incorpora la muerte del ser querido como un episodio necesario, irreversible, universal, definitivo y no un mero accidente. La muerte es entendida como una parte inevitable de la vida. Es por ello que en esta etapa, el familiar experimenta una sensación interna de paz, de tranquilidad, de haber cumplido con el fallecido en vida, de no tener pendientes. Se recuerda al ser querido fallecido de manera realista, con sus virtudes y defectos, pero con indulgencia.

Estas fases del duelo normal no tienen una evolución similar en todos los tipos de fallecimientos. Se considera que las muertes inesperadas ocasionan mayores dificultades en la elaboración del duelo que aquellas que son esperadas, anticipadas. El duelo en las muertes inesperadas se asocia con manifestaciones depresivas más intensas y duraderas, de enfermedades preexistentes o el debut de nuevos padecimientos, así como la asunción de conductas de riesgo para la salud como el consumo excesivo de alcohol, cigarros o psicofármacos. Entre las muertes inesperadas se incluyen las provocadas por accidentes, homicidios, las muertes súbitas por infarto cardiaco o hemorragia cerebral, así como el suicidio, aunque, mediante el método de las autopsias psicológicas se ha probado que una gran cantidad de suicidas mostró manifestaciones depresivas, habían realizado amenazas y gestos suicidas o expresado sus deseos de terminar con su vida. Por otra parte, muchos de los sobrevivientes reconocieron que sabían el riesgo suicida de esas personas, por lo que no era una muerte súbita, inesperada, sino anunciada por el propio suicida desde mucho tiempo antes del desenlace fatal (Reed, 1998).

El duelo por un suicida presenta determinadas características que lo diferencian del resto de los duelos; los sobrevivientes experimentan un conjunto de emociones que no se encuentra con la misma frecuencia en los sobrevivientes por otras causas de muerte y están más expuestos al desarrollo de psicopatologías como los trastornos de ansiedad, de estrés post-traumático y episodios depresivos mayores (Grad, 1996).

Es imposible presentar un cuadro clínico típico del sobreviviente de un suicidio, pero son comunes algunos de ellos como los intensos sentimientos de pérdida acompañados de pena y tristeza, rabia por hacerle responsable, en cierta medida de lo sucedido, sentimientos de distanciamiento, ansiedad, culpabilidad, estigmatización, etcétera (Clark y Goldney, 1995). También puede manifestarse el horror por el posible arrepentimiento tardío, cuando ya las fuerzas flaquearon lo suficiente para evitar la muerte y no poder evitarla deseándolo en esos últimos instantes. El miedo es una emoción presente en la casi totalidad de los familiares del suicida y está referido a sí mismo, a su posible vulnerabilidad de cometer suicidio o a padecer una enfermedad mental que lo conlleve. Este temor se extiende a los más jóvenes, a los que pueden comenzar a sobreprotegerse con la esperanza de evitar que ellos también cometan un acto suicida.

La culpabilidad es otra manifestación que frecuentemente se observa en los familiares del suicida y se explica por la imposibilidad de evitar la muerte del ser querido, por no haber detectado oportunamente las señales que presagiaban lo que ocurriría, por no atender las llamadas de atención del sujeto, las que habitualmente consisten en amenazas, gestos o intentos suicidas previos, así como no haber logrado la confianza del sujeto para que les manifestara sus ideas suicidas. Otras veces la culpabilidad la ocasiona no haber tomado una medida a tiempo, a pesar de reconocer las manifestaciones de un deterioro de la salud mental que podían terminar en un acto de suicidio. Cuando la culpabilidad es insoportable, el familiar también puede realizar un acto suicida para expiar dicha culpa (Clark y Goldney 1995).

Durante el primer año del duelo el sujeto es más vulnerable a padecer problemas somáticos y emocionales (Valente y Saunders, 1993). Entre estos tenemos un conjunto de síntomas físicos como taquicardia, artritis, migraña, alergia, asma y tics. Entre los síntomas psicopatológicos se pueden observar sentimientos de soledad, desesperanza, pobre autoestima y rumiación obsesiva de la búsqueda del por qué (Dunne, 1992).

Esta búsqueda, principalmente en los padres y entre ellos en la madre, persiste por varios años (Sarro de la Cruz, 1996).

Otra manifestación del duelo por el suicidio presente en el sobreviviente es la conjunción de emociones encontradas como puede ser la agresividad y el alivio, este último experimentado como alivio personal al fallecer la persona cuyos problemas le afectaban y por el fallecido que ha cesado de soportar sus problemas emocionales. Terminar una vida problemática y difícil se percibe como un alivio para muchos familiares de suicidas.

Estas manifestaciones que acompañan al duelo por un suicida no son privativas de los parientes biológicos muy vinculados afectivamente con el occiso, sino que también se las puede encontrar, y de hecho ocurre, en los amigos, compañeros de trabajo o escuela, maestros, otros pacientes en el caso de un suicidio en una institución, médicos, psicoterapeutas, enfermeras, consejeros, psiquiatras, psicólogos y toda persona que estuvo vinculada estrechamente con el suicida.

Entre todas estas personas significativas, las reacciones de duelo más estudiadas por los diversos investigadores son las de los familiares y los terapeutas. Ya se han mencionado las diversas manifestaciones que presentan los primeros, por lo que abordaremos las que presentan los terapeutas cuando uno de sus pacientes comete suicidio.

Se considera que el suicidio de un paciente significa para su terapeuta un acontecimiento doloroso, espantoso, horrible, que conlleva un impacto similar al que sufren sus familiares más allegados. Durante mucho tiempo y aun en nuestros días se tiene el criterio equivocado que cuando esto ocurre, el tratamiento ha sido un fracaso y el suicidio es su mejor evidencia. Otros, sin embargo, consideran que si existiera una adecuada prevención del suicidio, estos deben ocurrir, principalmente, en aquellos sujetos que han sido evaluados por el psiquiatra y este acto puede ser el resultado de, efectivamente, un fracaso terapéutico, pero también de otras contingencias, como una pobre respuesta terapéutica o resistencia terapéutica, así como complicaciones y dificultades en el seguimiento (Murphy, 1996).

Algunos suicidólogos van más lejos y alegan que nadie cuestiona a los hospitales especializados en el tratamiento del cáncer, en los cuales mueren miles de estos enfermos cada año. Entonces se preguntan: ¿Por qué se cuestiona al hospital psiquiátrico por tener elevado número de pacientes que cometen suicidio durante la hospitalización? Suponen que el mejor indicador de una adecuada prevención del suicidio es la proporción entre los suicidas que no han sido tratados y aquellos que han recibido tratamiento especializado. Es decir, que mientras más sean los suicidas que no han recibido atención especializada, peor es la prevención del suicidio, pues ello indica problemas de accesibilidad a las fuentes de salud mental o dificultades en la evaluación del riesgo de suicidio por los médicos de cabecera (Kerkhof y Clark, 1998). Persisten, pues, dos tendencias: aquella que aún considera el suicidio de un paciente un fracaso de su terapeuta y los que incluyen el suicidio entre las cosas que pueden ocurrir a los terapeutas que tratan a las personas, precisamente por su elevado riesgo de autodestrucción. Independientemente de estas consideraciones, los profesionales a cargo de estas personas, sus terapeutas, presentan comúnmente pena, culpa, tristeza, sentimientos de inadecuación personal y rabia, muy similar a los que presentan los familiares.

Algunas investigaciones han encontrado que no hay diferencia entre los profesionales en cuanto a las reacciones observadas al conocer del suicidio de uno de sus pacientes, siendo muy similares entre psiquiatras, psicólogos, psicoterapeutas, etcétera (Grad y Zavasnik, 1998).

Entre las reacciones que se han observado se menciona la cautela al enfrentarse a nuevos casos, intercambiar opiniones con otros colegas, diversos temores entre los que se encuentran los relacionados con la familia del suicida, de la que se teme tome represalias, establezca pleitos legales o difame de la competencia como profesional. Se teme también la opinión de otros colegas, la publicidad dañina y el perjuicio que ella pudiera ocasionar en su quehacer profesional. En ocasiones se evade a la familia del occiso y puede evitar el contacto con otros profesionales para hablar del tema y preferir hacerlo sólo con personas muy allegadas. Otras veces se realiza una revisión obsesiva del caso, pretendiendo detectar las posibles fallas y las manifestaciones que pudieran haber advertido sobre lo que sucedería.

Entre los profesionales que han pasado por una experiencia de este tipo, se han detectado algunas diferencias de género en las manifestaciones de duelo por un suicida. Las mujeres expresan mayor incompetencia y están más necesitadas de ser consoladas que los hombres. La vergüenza es sentida por la tercera parte de las terapeutas mujeres, mientras que no ha sido reportada por ningún terapeuta del sexo masculino (Grad, Zavasnik y Groleger, 1997). Finalmente, las mujeres consideran que le es más útil hablar sobre lo ocurrido, mientras los hombres combinan el trabajo con las manifestaciones sobre lo ocurrido como lo que les proporciona más alivio.

El autor, a quien también se le han suicidado pacientes durante su experiencia profesional, considera que las reacciones que presenta el terapeuta en situaciones de este tipo estarán condicionadas por múltiples factores, entre los que cabe mencionar: tipo de paciente, tipo de relación y tiempo de establecida, calidad de la relación terapeuta-paciente-familia, diagnóstico o enfermedad padecida por el sujeto, tiempo entre la última visita y el suceso, por sólo mencionar algunas variables. En cuanto al tipo de pacientes, generalmente ocasiona mayores malestares el suicidio de un enfermo disciplinado, cumplidor del régimen terapéutico y que al momento del suicidio no tuviera un juicio conservado. El primer suicidio de uno de nuestros enfermos es uno de los que más nos conmociona, pues pone en evidencia una posibilidad que en la generalidad de los jóvenes terapeutas no se toma en cuenta, pues impera el Complejo de Dios, frase psicodinámica que sirve para designar aquella creencia de omnipotencia terapéutica, de invulnerabilidad al fracaso. No es igual la reacción frente al suicidio de un paciente que apenas ha comenzado el tratamiento, que otro inmerso en un tratamiento psicoterapéutico intensivo.

El tipo de relación establecida con el sujeto previo al suicidio tiene suma importancia, pues las manifestaciones de duelo más intensas se presentarán con aquellos individuos con los que se había establecido una relación activo-pasiva y cuya vida dependía en buena medida de las gestiones de salud del terapeuta y los familiares por no estar el sujeto en condiciones de hacerse responsable de su propia vida (Pérez-Barrero, 1997). La calidad de dicha relación, obviamente, repercutirá en las manifestaciones de duelo, observándose a mi juicio mayor sintomatología cuando la relación ha sido duradera y fructífera para ambos. El diagnóstico influye también, siendo los suicidios en enfermos esquizofrénicos los que mayor impacto emocional tienen, sobre todo cuando ocurren mutilaciones monstruosas antes del suicidio. Los deprimidos graves, que realizan un suicidio altruista arrastrando a la muerte a otros que no desean morir, principalmente a los hijos pequeños, pueden traer trastornos emocionales muy graves en el terapeuta.

El tiempo transcurrido entre el suicidio y la última consulta repercutirá de forma inversa en las manifestaciones que presente el profesional tratante. Mientras más tiempo transcurre entre el suicidio y la última consulta, menor será la sintomatología. Si el suicidio se produce inmediatamente después de salir de la consulta, las manifestaciones en el terapeuta pueden ser dramáticas. A juicio del autor una buena relación médico-paciente-familia puede disminuir en gran medida las manifestaciones luctuosas en el terapeuta, así como en los familiares, pues las labores de postvención se pueden iniciar precozmente para beneficio de todos los sobrevivientes.

Finalmente, el suicidio de un niño o de un adolescente constituye un evento muy traumático para los sobrevivientes, sean familiares o terapeutas, debido a los años de vida incompatible con esta conducta autodestructiva. Estas son, a grandes rasgos, las manifestaciones que pueden presentarse en los sobrevivientes de suicidas. Para disminuirlas en intensidad y duración se sugieren determinadas medidas que a continuación enunciaremos, aunque hay investigadores que no han encontrado diferencias en la evolución de los duelos independientemente de la causa que haya provocado la muerte. Otros, por el contrario, han encontrado diferencias entre las muertes por suicidio, por accidentes, y las muertes naturales en cuanto a las reacciones de duelo en los sobrevivientes.

La muerte por suicidio conlleva mayor estigmatización que el resto, más sentimientos de culpa, menos deseos de discutir sobre la muerte y mayor cuestionamiento sobre lo que se podía haber hecho. Las muertes por accidente conllevan más reacciones de aniversario, mayores comentarios de lo sucedido, mayor incapacidad de entender lo ocurrido entre los amigos y compañeros del accidentado y menos deseos de hablar con los demás (Mcintosh y Nelly, 1992).

Por tanto, para el mejor manejo del duelo por un suicida hay que conocer todas estas manifestaciones, lo cual facilitará la evolución de sus diversas etapas y evitará el desarrollo de duelos patológicos. No hay método universal para el tratamiento de esta contingencia, pues será diferente para los hijos del suicida o su pareja, o sus padres, o sus hermanos.

Si se trata de un suicidio entre varios hermanos, estos pueden experimentar cambios en todos o casi todos los aspectos de sus vidas. Como todos tienen una infancia común con experiencias más o menos similares, una de las tareas que hay que enfrentar es evitar la identificación con el hermano suicida, proporcionando otras opciones para resolver problemas que no sean autolesivas. En ocasiones los hermanos pueden referir que ven al hermano suicida en el domicilio o que le escuchan hablar o que les llama. Estas manifestaciones no deben ser consideradas como una pérdida de la salud mental de carácter grave, sino que, en ese contexto, debe ser aceptada dentro de los límites normales para estos casos, por lo que adoptar la postura de ignorar síntomas y actitudes de este tipo puede ser de gran beneficio.

Siempre deben explorarse las ideas suicidas en los sobrevivientes y en los hermanos de los suicidas niños o adolescentes, más aún, si se presentan en alguno de ellos se impone la evaluación del riesgo de suicidio y el grado de afectación psicológica, así como tomar una medida a tiempo para evitar un acto suicida.

Si el suicidio lo ha realizado uno de los padres, los niños tienen una reacción típica consistente en negar lo ocurrido, mostrarse llorones e irritables, con cambios bruscos del estado anímico y dificultades con el sueño y pérdida del apetito, intenciones suicidas que adquieren el significado de reunión, aunque también pueden existir deseos de morir. Pueden presentar alteraciones perceptivas como escuchar voces dentro de la cabeza y ver el fantasma de la madre o el padre fallecido. También puede tener pensamientos de haber sido el causante de la muerte o sentir agresividad hacia el progenitor suicida por estar ausente definitivamente (Mullarky y Pfeffer, 1992). En estos casos, la familia debe decir la verdad de lo sucedido al niño o niña, con un lenguaje claro y sencillo, accesible y comprensible por él o ella y prestar soporte emocional de parte de una figura sustitutiva, como puede ser un hermano mayor, un tío o tía, según sea el caso. En ocasiones, sobre todo para los hijos adolescentes, explicar la muerte por suicidio como un síntoma de una enfermedad mental grave puede disminuir el riesgo de la imitación, pues la enfermedad mental es rechazada por la inmensa mayoría de las personas.

Para que los familiares puedan prevenir el suicidio entre sus integrantes es necesario que eliminen los mitos en relación con dicha conducta.

Los mitos son criterios culturalmente aceptados y entronizados en la población que no reflejan la veracidad científica, pues se trata de juicios de valor erróneos respecto al suicidio, a los suicidas y a quienes intentan el suicidio, que deben ser eliminados si se desea colaborar con este tipo de personas.

Con cada mito se intentan justificar determinadas actitudes de quienes los sustentan, las que se convierten en un freno para la prevención de esta causa de muerte.

Mitos sobre el suicidio

Existen muchos mitos respecto al suicidio, los suicidas y quienes lo intentan. Pasemos a enunciar algunos de ellos, no todos, desde luego, y expondremos los criterios científicos que desde este momento deben primar en la familia para poder hacer efectiva su ayuda en prevenir el suicidio de alguno de sus integrantes:

1. Mito: El que se quiere matar no lo dice
   Criterio equivocado pues conduce a no prestar atención a las personas que manifiestan sus ideas suicidas o amenazan con suicidarse.
   Criterio científico: De cada diez personas que se suicidan, nueve de ellas dijeron claramente sus propósitos y la otra dejó entrever sus intenciones de acabar con su vida.

2. Mito: El que lo dice no lo hace
   Criterio equivocado ya que conduce a minimizar las amenazas suicidas, las cuales pueden ser consideradas erróneamente como chantajes, manipulaciones, alardes, etcétera.
   Criterio científico: Todo suicida expresó con palabras, amenazas, gestos o cambios de conducta lo que ocurriría.

3. Mito: Los que intentan el suicidio no desean morir, sólo hacen alarde
   Criterio equivocado porque condiciona una actitud de rechazo a quienes atentan contra su vida, lo que entorpece la ayuda que estos individuos necesitan.
   Criterio científico: Aunque no todos los que intentan el suicidio desean morir, es un error tildarlos de jactanciosos, pues son personas a las cuales les han fracasado sus mecanismos útiles de adaptación y no encuentran alternativas, excepto el atentar contra su vida.

4. Mito: Si de verdad se hubiera querido matar, se hubiera tirado delante de un tren
   Criterio equivocado que refleja la agresividad que generan estos individuos en quienes no están capacitados para abordarlos.
   Criterio científico: Todo suicida se encuentra en una situación ambivalente, es decir, con deseos de morir y de vivir. El método

elegido para el suicidio no refleja los deseos de morir de quien lo utiliza y proporcionarle otro de mayor letalidad es calificado como un delito de auxilio al suicida (ayudarlo a que lo cometa), penalizado en el Código Penal vigente.

5. Mito: El suicidio no puede ser prevenido pues ocurre por impulso
Criterio equivocado que limita las acciones preventivas pues si ocurre de esta manera es imposible pronosticarlo y por tanto prevenirlo. Invita a la inercia terapéutica.
Criterio científico: Toda persona antes de cometer un suicidio evidencia una serie de síntomas que han sido definidos como Síndrome Presuicidal, consistente en constricción de los sentimientos y el intelecto, inhibición de la agresividad, la cual ya no es dirigida hacia otras personas reservándola para sí, y la existencia de fantasías suicidas, todo lo que puede ser detectado a su debido tiempo a fin de evitar se lleven a cabo sus propósitos.

6. Mito: Al hablar sobre el suicidio con una persona bajo este riesgo se le puede incitar a que lo realice
Criterio equivocado que infunde temor para abordar la temática del suicidio en quienes están en riesgo de cometerlo.
Criterio científico: Está demostrado que hablar sobre el suicidio con una persona en tal riesgo en vez de incitar, provocar o introducir en su cabeza esa idea, reduce el peligro de cometerlo y puede ser la única posibilidad que ofrezca el sujeto para el análisis de sus propósitos autodestructivos.

7. Mito: Acercarse a una persona en crisis suicida sin la debida preparación para ello, sólo mediante el sentido común, es perjudicial y se pierde el tiempo para su abordaje adecuado
Criterio equivocado que intenta limitar la participación de voluntarios en la prevención del suicidio.
Criterio científico: Si el sentido común nos hace asumir una postura de paciente y atenta escucha, con reales deseos de ayudar al sujeto en crisis a encontrar otras soluciones que no sean el suicidio, se habrá iniciado la prevención.

8. Mito: Una persona que se va a suicidar no emite señales de lo que va a hacer
   Criterio equivocado que pretende desconocer las manifestaciones prodrómicas del suicidio.
   Criterio científico: Todo el que se suicida expresó con palabras, amenazas, gestos o cambios de conducta lo que ocurriría.

9. Mito: El que intenta el suicidio es un cobarde
   Criterio equivocado que pretende evitar el suicidio equiparándolo con una cualidad negativa de la personalidad.
   Criterio científico: Los que intentan el suicidio no son cobardes sino personas que sufren.

10. Mito: El que intenta el suicidio es un valiente
    Criterio equivocado que pretende equiparar el suicidio con una cualidad positiva de la personalidad, lo cual entorpece su prevención pues lo justifica haciéndolo sinónimo de un atributo imitable y que todos desean poseer, como es el valor.
    Criterio científico: Los que intentan el suicidio no son valientes ni cobardes, pues la valentía y la cobardía son atributos de la personalidad que no se cuantifican o miden según la cantidad de veces que usted se quita la vida o se la respeta.

11. Mito: Si se reta a un suicida no lo realiza
    Criterio equivocado que pretende probar fuerzas con el sujeto en crisis suicida, desconociendo el peligro que significa su vulnerabilidad.
    Criterio científico: Retar al suicida es un acto irresponsable pues se está frente a una persona vulnerable en situación de crisis cuyos mecanismos de adaptación han fracasado, en la cual predomina precisamente los deseos de autodestruirse.

Además de los mitos sobre el suicidio, la familia debe conocer los grupos de riesgo de suicidio.

Grupos de riesgo de suicidio

Los grupos de riesgo de suicidio son aquellos conjuntos de personas que por sus características particulares tienen mayores posibilidades de cometer un acto suicida que los que no están incluidos en ellos. Los grupos de riesgo de suicidio son los siguientes:

1. Los deprimidos.
2. Los que han intentado el suicidio.
3. Los que tienen ideas suicidas o amenazan con suicidarse.
4. Los sobrevivientes.
5. Los sujetos vulnerables en situación de crisis.

Pasemos a describirlos someramente.

Los deprimidos

La depresión es una enfermedad muy frecuente del estado de ánimo. Sus síntomas más frecuentes son la tristeza, pocos deseos de hacer las cosas, la falta de voluntad, los deseos de morir, las quejas somáticas diversas, la ideación suicida, los actos de suicidios y los trastornos del sueño, el apetito y el descuido de los hábitos de aseo.

- Algunas particularidades de los cuadros depresivos en los adolescentes son las siguientes:
- Se manifiestan con más frecuencia irritables que tristes.
- Las fluctuaciones del afecto y la labilidad son más frecuentes que en el adulto, quien tiene mayor uniformidad en sus expresiones anímicas.
- Los adolescentes presentan con más frecuencia exceso de sueño o hipersomnia que insomnio.
- Tienen mayores posibilidades de manifestar quejas físicas al sentirse deprimidos.
- Muestran episodios de violencia y conductas disociales como manifestación de dicho trastorno anímico con más frecuencia que en el adulto.
- Pueden asumir conductas de riesgo como abuso de alcohol y drogas, conducir vehículos a altas velocidades, sobrios o en estado de embriaguez.

Es de suma importancia el reconocimiento de la depresión en el adolescente, pues son más proclives a realizar intentos de suicidio que los adultos en condiciones similares.

En los ancianos, la depresión se manifiesta con algunas particularidades. Paso a describirlas:

I.   Depresión que se presenta como el envejecimiento normal
     En este caso el anciano muestra disminución del interés por las cosas que habitualmente lo despertaban, de la vitalidad, de la voluntad; tendencia a revivir el pasado, pérdida de peso, trastornos del sueño, algunas quejas por falta de memoria, tiende al aislamiento y permanece la mayor parte del tiempo en su habitación (para muchos este cuadro es propio de la vejez y no una depresión tratable).

II. Depresión que se presenta como envejecimiento anormal
     En el anciano aparecen diversos grados de desorientación en lugar, en tiempo y respecto a sí mismo y a los demás: confunde a las personas conocidas, es incapaz de reconocer lugares; muestra deterioro de sus habilidades y costumbres, relajación esfinteriana (se orina y defeca sin control alguno), trastornos de la marcha que hacen pensar en una enfermedad cerebrovascular, trastornos de conducta como negarse a ingerir alimentos, etcétera (para muchos este cuadro es propio de una demencia con carácter irreversible y no una depresión tratable).

III. Depresión que se presenta como una enfermedad física, somática u orgánica
     El anciano se queja de múltiples síntomas físicos, como dolores de espalda, en las piernas, en el pecho, cefaleas. Puede quejarse también de molestias estomacales como digestión lenta, acidez, plenitud estomacal sin haber ingerido alimentos que lo justifiquen; tendencia a tomar laxantes, antiácidos y otros medicamentos para sus molestias gastrointestinales; refiere pérdida de la sensación del gusto, falta de apetito y disminución del peso, problemas cardiovasculares como palpitaciones, opresión, falta de aire, etcétera (para muchos este cuadro es propio de alguna enfermedad del cuerpo y no una depresión tratable).

IV. Depresión que se presenta como una enfermedad mental no depresiva

El anciano se queja de que lo persiguen, que lo vigilan, que le quieren matar, que todas las personas hablan de él, y al preguntarle por qué sucede todo eso responde que lo merece por ser "el peor ser humano que hay en el mundo", "el mayor de todos los pecadores" y otras expresiones similares que tienen un trasfondo depresivo.

V. Depresión que se presenta como enfermedad mental depresiva

- Ánimo deprimido la mayor parte del día cotidianamente.
- Marcada reducción del placer o el interés en todas o la mayoría de las actividades diarias.
- Disminución de peso sin someterse a dieta o ganancia de peso (del orden de 5%).
- Insomnio o hipersomnia diarios.
- Agitación psíquica y motora o retardo psicomotor.
- Fatiga o pérdida de energía diariamente.
- Sentimientos de culpa inapropiados, que pueden conducir a delirios de culpa.
- Disminución de la capacidad para pensar o concentrarse e indecisión la mayor parte del día.
- Pensamientos recurrentes de muerte o de suicidio.

Como se evidencia, no es conveniente atribuir cualquier síntoma del anciano a su vejez, a los achaques de la misma, a una demencia o a una enfermedad física, pues puede ser la manifestación de una depresión tratable y, por tanto, puede recuperar su vitalidad y el resto de las funciones comprometidas. Si no se diagnostica adecuadamente, se puede hacer crónica y, en el peor de los casos, terminar su vida con el suicidio.

Los que han intentado el suicidio

Según algunos estudios entre 1% y 2% de los que intentan el suicidio lo hacen durante el primer año de haber realizado dicha tentativa de suicidio y entre 10% y 20% durante el resto de sus vidas.

Los que tienen ideas suicidas o amenazan con suicidarse

Tener ideas suicidas no necesariamente conlleva riesgo de cometer un suicidio, pues en múltiples investigaciones se ha encontrado un grupo de individuos que durante sus vidas han tenido este tipo de pensamientos y jamás han realizado una autoagresión. Sin embargo, cuando la idea suicida se presenta como un síntoma de una enfermedad mental con una elevada tendencia suicida, con una frecuencia creciente, una detallada planificación y en circunstancias que facilitan que se lleve a cabo, el riesgo de cometer suicidio es muy elevado.

Los sobrevivientes

Se consideran sobrevivientes, aquellas personas muy vinculadas afectivamente a una persona que fallece por suicidio, entre los que se incluyen los familiares, amigos, compañeros e incluso el médico, psiquiatra u otro terapeuta que la asistía.

Los sujetos vulnerables en situación de crisis

Este grupo está conformado principalmente por los enfermos mentales no deprimidos, entre los cuales se encuentran los esquizofrénicos, los alcohólicos y otros drogodependientes; los trastornos de ansiedad y de la personalidad, los que padecen trastornos del impulso entre quienes sobresale el juego patológico.

Se incluye además aquellos individuos que padecen enfermedades físicas terminales, malignas, dolorosas, incapacitantes o discapacitantes que comprometen sustancialmente la calidad de vida. Son vulnerables también determinados grupos de individuos como las minorías étnicas, los inmigrantes que no logran adaptarse al país receptor, los desplazados, torturados, víctimas de la violencia en cualquiera de sus manifestaciones.

Cuando estos individuos se encuentran sometidos a una situación conflictiva o a un evento significativo que rebasa sus capacidades de resolución de problemas, pueden emerger las tendencias suicidas.

Los familiares deben conocer aquellas situaciones que conllevan riesgo de suicidio para incrementar el apoyo familiar durante las mismas. Entre estas situaciones posibles, tenemos las siguientes:

Situaciones de riesgo de suicidio

I. En la infancia:
    • Presenciar acontecimientos dolorosos (violencia familiar)
    • Ruptura familiar
    • Muerte de ser querido que brindaba apoyo emocional
    • Convivir con un enfermo mental como único pariente
    • Llamadas de atención de carácter humillante

II. En la adolescencia:
    • Amores contrariados
    • Malas relaciones con figuras significativas (padres o maestros)
    • Excesivas expectativas de los progenitores que sobrepasan las capacidades del adolescente
    • Embarazo no deseado
    • Embarazo oculto
    • Los periodos de exámenes
    • Amigos con comportamiento suicida o que aprueban la solución suicida
    • Desengaños amorosos
    • Fenómeno trajín
    • Llamadas de atención de carácter humillante
    • Acoso o abuso sexual por parte de figuras significativas
    • Pérdida de figuras significativas por separación, muerte o abandono
    • Periodos de exámenes
    • Periodos de adaptación a regímenes militares e internados educacionales
    • Conciencia de enfermedad mental grave

III. En la adultez
    • Desempleo (durante el primer año)
    • Esposa competitiva en determinadas culturas machistas
    • Escándalos sexuales en personalidades públicas (políticos, religiosos, etcétera)
    • Quiebras financieras
    • Hospitalización psiquiátrica reciente
    • Egreso hospitalario por enfermedad mental grave

IV. En la vejez
- Periodo inicial de la institucionalización
- Viudez durante el primer año en el hombre y durante el segundo año en la mujer
- Estar sometido a maltratos físicos y psicológicos
- Enfermedades físicas que deterioran el sueño (insomnio crónico)
- Asistencia a la pérdida de las facultades mentales

Además de los mitos, los grupos y las situaciones de riesgo, los familiares deben conocer las fuentes que brindan salud mental, como las consultas de consejería, de psicología o psiquiatría, las unidades de intervención en crisis, los servicios médicos de urgencia, los médicos de la familia, agencias de voluntarios en la prevención del suicidio, etcétera. Se debe educar a los hijos en el aprovechamiento de las fuentes de salud mental existentes en la comunidad, cuándo hacer uso de ellas, qué beneficios se pueden obtener, qué servicios o posibilidades terapéuticas se les puede brindar y favorecer con ello que se haga un uso racional de las mismas.

Además de conocer los mitos sobre el suicidio, los grupos y las situaciones de riesgo y conocer las fuentes de salud mental y las ventajas de su utilización, los familiares deben saber explorar la presencia de la idea suicida de la siguiente manera:

CÓMO EXPLORAR LA PRESENCIA DE IDEAS SUICIDAS

Primera variante. Se le puede decir lo siguiente al miembro de la familia que se supone en peligro: "Evidentemente tú no te sientes bien, me he dado cuenta de eso, y desearía saber de qué forma has pensado resolver tu situación actual". En esta variante se realiza una pregunta abierta para que el familiar pueda expresar sus pensamientos y así poder descubrir sus propósitos suicidas.

Segunda variante. Se puede escoger un síntoma de los que más moleste al familiar y apoyándose en él, indagar sobre la presencia de ideas suicidas, como por ejemplo: "Me dices que apenas duermes y yo sé que cuando eso ocurre le vienen a uno a la cabeza muchos pensamientos. ¿Podrías decirme en qué piensas cuando estás insomne?"

Tercera variante. Se puede abordar al sujeto de la siguiente manera: "Durante todo este tiempo que te has sentido tan mal, ¿has tenido pensamientos malos?". En esta modalidad la idea suicida es sinónimo de pensamientos malos, aunque también se le puede calificar de ideas desagradables, barrenillos, pensamientos raros, etcétera. Si la respuesta es afirmativa, se debe preguntar cuáles son esos malos pensamientos, pues pueden ser temores infundados, miedo a enfermedades, a que le den una mala noticia, etcétera, y no necesariamente ideas suicidas.

Cuarta variante. Se le puede preguntar directamente al familiar si ha pensado matarse, lo que haría como se ejemplifica: "¿Has pensado en matarte por todo lo que te ocurre?, ¿has pensado suicidarte?, ¿has pensado acabar con tu vida?"

Una vez determinado si la persona tiene una idea suicida, es aconsejable profundizar mediante esta secuencia:

Pregunta: *¿Cómo ha pensado suicidarse?*

Esta pregunta intenta descubrir el método suicida. Cualquier método puede ser mortal. Se incrementa el peligro suicida si está disponible y existe experiencia familiar previa de suicidios con dicho método. Se incrementa el peligro si se trata de repetidores que incrementan la letalidad de los métodos utilizados para cometer suicidio. Es de vital importancia en la prevención del suicidio evitar la disponibilidad y el acceso a los métodos mediante los cuales se pueda lesionar el sujeto.

Pregunta: *¿Cuándo ha pensado suicidarse?*

Esta pregunta no trata de averiguar una fecha específica para cometer suicidio sino más bien determinar si el adolescente está poniendo las cosas en orden, haciendo testamento, dejando notas de despedida, regalando posesiones valiosas, si espera la ocurrencia de un hecho significativo como la ruptura de una relación valiosa, la muerte de un ser querido, etcétera. Permanecer a solas es el mejor momento para cometer suicidio, por tanto, debe estar acompañado hasta que el riesgo desaparezca.

Pregunta: *¿Dónde ha pensado suicidarse?*

Mediante esta pregunta se intenta descubrir el lugar en que se piensa realizar el acto suicida. Por lo general los suicidios ocurren en los lugares frecuentados por el suicida, principalmente el hogar y la escuela o casa de familiares y amigos. Los lugares apartados y de difícil acceso, con pocas probabilidades de ser descubierto, y los elegidos por otros suicidas, conllevan un riesgo elevado.

Pregunta: *¿Por qué ha pensado suicidarse?*

Con esta interrogante se pretende descubrir el motivo por el cual se pretende realizar el acto suicida. Los amores contrariados, la pérdida de una relación valiosa, las dificultades académicas o las llamadas de atención de carácter humillante se sitúan entre los más frecuentes. Los motivos nunca deben evaluarse a través de la experiencia del familiar y deberán considerarse significativos para el suicida.

Pregunta: *¿Para qué ha pensado suicidarse?*

Se intenta descubrir el significado del acto suicida. El deseo de morir es el más peligroso pero no es el único, pues pueden referirse otras como reclamar atención, expresar rabia, manifestar a otros cuán grande son los problemas, como una petición de ayuda, para expresar frustración, para agredir a otros, etcétera.

Mientras más preguntas responda su familiar eso significa que la idea suicida está bien planificada y el riesgo de cometer suicidio se incrementa considerablemente.

Se impone entonces la siguiente pregunta: *¿Qué hacer cuando un familiar presenta estas ideas suicidas?* Sugiero estas cuatro medidas:

1. Nunca dejarlo a solas mientras su familiar tenga ideas de matarse.
2. Evitar que su familiar tenga acceso a cualquier método que pueda ser utilizado para dañarse.
3. Avisar a otros miembros de la familia para que contribuyan a la observación y apoyo emocional al familiar en crisis suicida.
4. Acercar a su familiar en crisis suicida a las fuentes de salud mental para recibir atención especializada.

Recuerde: la crisis suicida dura horas, días, raramente semanas, por lo que el objetivo fundamental es mantener a su familiar con vida hasta llegar a recibir atención especializada. Nunca olvide que: el suicidio es una muerte evitable (Pérez-Barrero, 1996; Pérez-Barrero, 1999; Pérez-Barrero, 2001; Pérez-Barrero y Sereno, 2001; Pérez-Barrero, 2002; Pérez-Barrero, 2003; Pérez-Barrero, 2004).

Bibliografía

Clark, S.E., y Goldney, R.D. (1995). Grief reactions and recovery in a support group for people bereaved by suicide. *Crisis, 16*(1), 27-33.

Dunne, E.J. (1992). Psychoeducational intervention strategies for survivors of suicide. *Crisis, 13*(1), 35-46.

Grad O. (1996). Suicide: How to survive as a survivor? *Crisis, 17*(3), 136-42.

——, Zavasnik, M.A., y Groleger, U. (1997). Suicide of a patient: Gender differences in bereavement reactions of therapists. *Suicide Life Threatening Behavior, 27*(4), 379-86.

Grad, D.T., y Zavasnik, A. (1998). *The caregivers reactions after suicide of a patient. Suicide prevention.* Nueva York: Plenum Press.

Kerkhof, J.F.M., y Clark, D.C. (1998). How to evaluate national suicide programs? *Crisis, 19*(1), 2-3.

Kübler, R.E. (1993). *On death and dying.* First Collier Books Trade Edition.

Mcintosh, J., y Nelly, L.D. (1992). Survivors reactions: Suicide *vs.* other causes. *Crisis, 13*(2), 32-52.

Mullarky, K., y Pfeffer, C. (1992). Psychiatric treatment of a child suicide survivor. *Crisis, 13*(2), 70-5.

Murphy, B. (1996). Pathways to suicide prevention. *Br J Hosp Med, 54*(1), 11-14.

Pérez-Barrero, S.A. (1996). *El suicidio, comportamiento y prevención.* Santiago de Cuba: Editorial Oriente.

—— (1997). Prevención o suicidio asistido: Esa es la cuestión para una nueva tipología del suicidio. *Zeta, 20-21-22,* 31-34.

—— (1999). *Lo que usted debiera saber sobre... Suicidio.* México: Imágenes Gráfica.

—— (2001). *Psicoterapia del comportamiento suicida.* La Habana: Hospital de Psiquiatría.

—— (2002). *La adolescencia y el comportamiento suicida.* La Habana: Ediciones Bayamo.

—— (2003). *Psicoterapia para aprender a vivir.* Santiago de Cuba: Editorial Oriente.

—— (2004). Manejo de la crisis suicida del adolescente. BSCP *Can Ped., 28*(1), 79-89.

——, y Sereno, B.A. (2001). Conocimientos de un grupo de adolescentes sobre la conducta suicida. *Revista Internacional de Tanatología y Suicidio, 1*(2), junio, 7-10.

Rebolledo, M. F. (1996). *Aprender a morir*. México: Gráficas Belir.

Reed, M.D. (1998). Predicting grief symptomatology among the suddenly bereaved. *Suicide Life Threatening Behavior, 20*(3), 285-301.

Reyes, Z.A. (1996). Acercamiento tanatológico al enfermo terminal y a su familia. *Curso fundamental de tanatología*. 1ª ed. México: Asociación Mexicana de Tanatología.

Sarro de la Cruz C. (1996). Suicidios y supervivientes. *Rev Argent Psiquiat, 7*, 25-31.

Valente, S.M., y Saunders, J.M. (1993). Adolescent grief after suicide. *Crisis, 14*(1), 16-22.

Acerca de los autores

Carlos Martínez
cmar@fibertel.com.ar
Aportes para la construcción del espacio suicidológico en Argentina.

Gaspar Baquedano
baquedano@yahoo.com
El suicidio en la cultura maya, una aproximación psicoantropológica.

Roque Quintanilla Montoya
roque@cucs.udg.mx
Modelo de prevención/intervención del suicidio.

Isabel Stange Espínola
isabelstange@hotmail.com
Suicidio y psicoterapia.

Luz de Lourdes Eguiluz Romo
eguiluz@servidor.unam.mx
La terapia sistémica para trabajar los problemas relacionados con el suicidio o
el intento suicida en la familia.

María Patricia Martínez Medina y Alfonso Arellano Echánove
patymtz18@yahoo.com
Atención médico-psiquiátrica de la persona con comportamiento suicida.

Sergio A. Pérez-Barrero
Server.grm@infomed.sld.cu
Los sobrevivientes.

Esta obra se terminó de imprimir
en julio de 2010, en los Talleres de

IREMA, S.A. de C.V.
Oculistas No. 43, Col. Sifón
09400, Iztapalapa, D.F.